全民阅读国学经典无障碍悦读书系

鬼谷子

（西周）姜子牙◎著　杨靖　李昆仑　编

敦煌文艺出版社

图书在版编目（CIP）数据

六韬·鬼谷子 /（西周）姜子牙著；杨靖，李昆仑
编. -- 兰州：敦煌文艺出版社，2015. 10
（全民阅读·国学经典无障碍悦读书系）
ISBN 978-7-5468-0871-0

Ⅰ. ①六… Ⅱ. ①姜… ②杨… ③李… Ⅲ. ①兵法－
中国－西周时代－通俗读物② 纵横家③《鬼谷子》－通俗
读物 Ⅳ. ①E892. 24-49 ②B228-49

中国版本图书馆CIP数据核字（2015）第144843号

六韬·鬼谷子
（全民阅读·国学经典无障碍悦读书系）
（西周）姜子牙 著
杨 靖 李昆仑 编
责任编辑：尚再宗
封面设计：凤苑阁文化

敦煌文艺出版社出版、发行
本社地址：（730030）兰州市城关区读者大道568号
本社邮箱：dunhuangwenyi1958@163.com
本社博客（新浪）：http://blog.sina.com.cn/lujiangsenlin
本社微博（新浪）：http://weibo.com/1614982974
0931-8773084(编辑部)　　　0931-8773235(发行部)

北京兴星伟业印刷有限公司
开本 787毫米×1092毫米　1/16　印张 12　字数190千
2015 年 9 月第 1 版　2019 年 9 月第 2 次印刷

ISBN　978-7-5468-0871-0
定价：28 .00元

序 Preface

本套《全民阅读：国学经典无障碍悦读书系》，以弘扬传统文化、传承中华文明为宗旨。是经编写者精心设计，以期达到深入浅出、今古相合、适合广大读者理解古代先贤智慧的无障碍阅读图书。

本书系特点鲜明，在国学经典无障碍阅读方面采用多视角、多元化、多维度的启动引擎。全书分为六大版块：图鉴阅读、史记阅读、辅助阅读、原作新释、体验阅读和延展阅读。通过这些版块，详细生动地从不同功用上对 50 册国学经典进行全方位的介绍，辅助广大读者对古籍进行强化记忆和深入释解，有益于广大读者在古诗文学习上的提高。

这些古诗文出现在中国两千多年文化流传的历史长河之中，在华夏文明的历史上，闪烁着耀眼的光辉，启迪了一代又一代华夏子孙的智慧。

在每一个中国人的血液中都流淌着美丽而空灵的属于汉字的基因，它的笔画音韵有着超凡的智慧、博大的精神和动人的韵律，有着中国文化所独有的形体之美和德性之蕴藉。它确定权威与法则，讲究和谐与稳定，注重教化与实证。它不仅引领我们遨游于宇宙太空，感受旷古时空的荒凉与空寂；而且引领我们不断地向着心灵内涵、向着肉眼不及的太空，不断地以智慧进行着问难与探索，直至找到我们生命中真实的每一次发自内心深处的搏动和存在。

国学经典都是智慧之书，是可以让一个民族怀着隐秘的热情世世代代、反反复复去吟咏慨然的书籍。这些书籍之所以能够让人们经世不疲地去阅读，就是因为它能够赋予人类超凡的力量。

天行健，君子以自强不息；

地势坤，君子以厚德载物。

让全民阅读更上一层楼，让古老的国学闪烁出生命之光，成就智慧人生！

编者

2015 年 1 月

Contents

目录

图鉴阅读

六韬·鬼谷子

图鉴阅读结构图——阅览本书尽收眼底

1 图鉴图示轻阅读：这部分内容用和谐的色彩和图形来对本书作者、历史影响等进行解读，简单、清晰、直观，有利于读者轻松把控和阅读本书。

2 史记经典精阅读：这部分包括本书的历史传承、影响，以及本书的历史地位、作用、意义等内容，起到点睛之笔的作用，能够让读者做到对经典著作的深入和精细化阅读。

3 辅助启示快阅读：用简短、精练的语言对每一篇的内容进行概括、总结，以期让读者更加快速地从宏观角度掌握本书的主要内容。

5

体验感悟智阅读：用体验的方式阅读，具有亲历性和验证性，当把书籍的内容用在实际中，是活学活用，也是学以致用，《六韬·鬼谷子》对我们理政、经商、治学、教育等均有广泛用途，有针对性地用在实践中，是我们阅读的目的。

4

原作新释深阅读：这部分内容包括原典、注释、译文和铭记链接，侧重对原典的正确解读，注释译文力求简明准确，链接知识紧扣文本，重在凸显原典主旨，弘扬传统文化。

6

文化链接博阅读：选取和本书相关的人物、书、影视以及经典的词句、思想等内容，以增加读者的文化积淀，拓宽视野，培育创造力。

阅读启示图解——本书阅读启发引导

1.《六韬》又称《太公六韬》《太公兵法》，是我国古代的一部著名的道家兵书，中国汉族古典军事文化遗产的重要组成部分，其内容博大精深，思想精邃富赡，逻辑缜密严谨，是古代汉族军事思想精华的集中体现。

2.《六韬》旧题周初太公望（即吕尚、姜子牙）所著，普遍认为是后人依托，作者已不可考。一般认为此书成于战国时代。全书以太公与文王、武王对话的方式编成。

原文部分参照多家白话文本及诸家注、疏、笺、校本，文章经梳理后，以中国现代标点符号标明句读，以方便读者阅读。

卷一 文韬

文师第一①

原文

文王将田，史编布②卜曰："田于渭阳，将大得焉。非龙、非彲③，非虎、非罴④，兆⑤得公侯，天遗汝师，以之佐昌，施及三王。"

文王曰："兆致是乎？"

史编曰："编之太祖史畴为禹占，得皋陶⑥，兆比于此。"

注释

①文师第一：本篇为《六韬》之首，是太公姜子牙治国方略的大纲。古人论兵，历来不仅仅就战争而论战争，《六韬》也是这样，首先把人心的向背视为决定战争胜负的基本条件。本篇以周文王打猎遇姜太公渭水垂钓为契机，围绕"天下归之"展开，论及人心所向的条件、作用和途径，实际上体现的是儒家治国的理想方略。

②布：宣告。

③彲：传说中的无角之龙。

④罴：一种熊，也叫马熊。

⑤兆：古时占卜，观看龟甲烧灼的裂纹，用来判断凶吉，这种裂纹叫做兆。邓引伸为预兆。

⑥皋陶：传说舜之贤臣，掌刑狱之事。

注释部分是对古今异义（异音）、生僻、难解等词语进行注释，力求准确严谨，古今相通，简洁明白，便于读者阅读。

3. 《六韬》此书在《汉书·艺文志》诸子略兵家类中不见著录，但在"道家"列"《太公》二百三十七篇"，其中《谋》八十一篇，《言》七十一篇，《兵》八十五篇；儒家类著录有《国史六》"即今之《六韬》也，盖言取天下及军旅之事。

4. 《隋书·经籍志》明确记载："《太公六韬》五卷，周文王师姜望撰。"1972 年，临沂银雀山西汉古墓发现了大批竹简，其中就有《六韬》的五十多枚，这就证明《六韬》至少在西汉时已广泛流传了。

译文

周文王准备打猎，太史编宣告占卜结果，说："在渭水北打猎，将会有很大的收获。不是获得龙、螭、虎、罴，预兆得到公侯，是上天赐给您的老师，辅佐您事业昌盛，并且延绵到以后的君王。

文王说："占卜的征兆是这样的吗？"

太史编说："我的远祖太史畴给禹占卜，得到皋陶，这次占卜的征兆与那次的相同。"

译文部分参考诸家注、疏、笺、校本，以现代白话的形式解说文言文原文，以帮助现代读者理解原文，明白其意思。

铭记链接

《六韬·龙韬·五音》

武王问太公曰："律章之声，可以知三军之消息、胜负之决乎？"

太公曰："深哉！王之问也。夫律管十二，共要有五音——宫、商、角、徵、羽，此其正声也。万代不易，五行之神，道之常也，可以之敌金、木、水、火、土，各以其胜攻之。古者三皇之世，虚无之情以制刚强。无有文字，皆由五行。五行之道，天地自然。六甲之分，微妙之神。"

铭记链接是对文章内涵的延伸，所选内容和名言都是本书中知名度最高，对后人启发最深刻的，能够拓展读者视野，加深读者记忆，提高阅读质量。

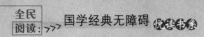

 作者生平阅读——直观再现作者人生

公元前 400 年	鬼谷子出生，十几岁离母而去。
公元前 380 年	鬼谷子 20 岁，走出云梦山去各国游说，建功立业。
公元前 371 年	鬼谷子著书《鬼谷子》。
公元前 361 年	鬼谷子返回云梦山隐居教书授课，孙、庞 20 岁拜鬼谷子学艺。
公元前 355 年	孙膑、庞涓学成。
公元前 353 年	孙膑、庞涓大战于桂陵。

张仪 48 岁、苏秦 18 岁拜鬼谷子学艺。 **公元前 330 年**

张仪、苏秦学成。 **公元前 323 年**

鬼谷子仙逝。 **公元前 320 年**

姜子牙出生。 **公元前 1156 年**

姜子牙辅佐西周。 **周文王时期**

姜子牙辅佐周武王伐纣。 **周文王去世后**

姜子牙缔造齐国。 **西周初年**

作者简介

姜子牙（约前1156年—约前1017年），姜姓，吕氏，名尚，一名望，字子牙，或单呼牙，也称吕尚，别号飞熊。商朝末年人。姜子牙是齐国的缔造者，周文王倾商，武王克纣的首席谋主、最高军事统帅与西周的开国元勋，齐文化的创始人，亦是中国古代的一位影响久远的杰出的韬略家、军事家与政治家。历代典籍都公认他的历史地位，儒、法、兵、纵横诸家皆追他为本家人物，被尊为"百家宗师"。

吕尚曾经穷困，年老时，借钓鱼的机会求见周西伯。西伯在出外狩猎之前，占卜一卦，卦辞说："所得猎物非龙非螭，非虎非熊；所得乃是成就霸王之业的辅臣。"西伯于是出猎，果然在渭河北岸遇到太公。

西伯与太公谈论后大喜，说："自从我国先君太公就说：'定有圣人来周，周会因此兴旺。'说的就是您吧？我们太公盼望您已经很久了。"因此称吕尚为"太公望"，二人一同乘车而归，尊为太师。

周西伯昌从羑里脱身归国后，暗中和太公策划如何推行德政以推翻商纣政权，其中很多是用兵的权谋和奇计，所以后代谈论用兵之道和周朝的隐秘权术的都尊法太公的基本策略。

文王死后，武王即位。九年，武王想继续完成文王的大业，东征商纣察看诸侯是否云集响应。军队出师之际，被尊称为"师尚父"。

又过二年，商纣杀死王子比干，囚禁了箕子。武王又将征伐商纣，太公带兵出征。

武王平定商纣后，成为天下之王，就把齐国营丘封赏给师尚父。

姜子牙一生坎坷多磨而又轰轰烈烈、神秘莫测。纵观太公一生的建树，无论从军事、政治、经济思想等方面，都有卓越贡献，其中尤以军事为最，所以太史公言"后世之言兵及周之阴权皆宗太公为本谋"，称得上兵家之鼻祖，军事之渊薮。姜子牙是中国历史上一位全智全能的人物，还是中国神坛上一位居众神之上的神主。作为宗教的神仙，他是武神、智神，被奉为"太公在此，百无禁忌"的护佑神灵。

鬼谷子又名王禅、王通，号玄微子。鬼谷子是春秋战国时期道家、纵横家的鼻祖，是中国历史上一位极具神秘色彩的人物，被誉为千古奇人，长于持身养性，精于心理揣摩，深明刚柔之势，通晓纵横捭阖之术，独具通天之智。他通天彻地，兼顾数家学问，人不能及。一是神学：日星象纬，占卜八卦，预算世故，十分精确；二是兵学，六韬三略，变化无穷，布阵行军，鬼神莫测；三是游学，广记多闻，明理审势，出口成章，万人难当；四是出世学，修身养性，祛病延寿，术业通达，学究精深。

鬼谷子曾到过扶风池阳（今陕西省泾阳）、颍川阳城（今河南登封告成）、太白山（今宁波县东）等地，后到云梦山（朝歌城西15公里）水帘洞隐居讲学，创建中国古代第一座军事学校——"战国军庠"。他的弟子有兵家：孙膑、庞涓、尉缭子；纵横家：苏秦、张仪、毛遂；被誉为商圣的范蠡等。

著书时间

六韬的成书时间有几种学说，但大致都认为在春秋战国时期。大家公认《六韬》一书带有鲜明的齐文化特色，而齐威王在位时间（前357—前320年）同周显王的在位时间基本吻合，当时齐国都城临淄的稷下学宫中，聚集着一大批学者，他们当中很多人具备编写兵书的知识和才能。1972年4月，在山东临沂银雀山西汉古墓中，发现了大批竹简，其中就有《六韬》的五十多枚，这就证明《六韬》至少在西汉时已广泛流传了。一般认为此书成于战国时代。

《鬼谷子》成书于战国时期，书中渗透出儒家、道家、阴阳家、兵家等诸家学说的思想内涵，集诸子百家学说之大成。对《鬼谷子》的研究，可以清晰地了解先秦时期的百家思想，从而对各家学派能有一个全面而系统的掌握，清晰地了解春秋战国文化史。

作品影响阅读——历代名家点评

许由，独善其身者也；太公，兼利天下者也。

——孔子

公至国，脩政，因其俗，简其礼，通商工之业，便鱼盐之利，而人民多归齐，齐为大国。

——司马迁

周有齐太公，……国朝有李靖、郭元振。如此人者，当此一时，其所出计画，皆考古校今，奇秘长远，策先定於内，功后成於外。

——杜牧

鬼谷子为纵横家之鼻祖。鬼谷子核心思想：潜谋于无形，常胜于不争不费。

——兰彦玲

鬼谷诡秘，社会纵横、自然地理、宇宙天地玄妙；其才无所不窥，诸门无所不入，六道无所不破，众学无所不通！证得弟子门人无数，翻云覆雨，惊世骇俗，后皆大有作为。鬼谷堪称万圣先师，万圣之祖，绝不为过！

——司马迁

鬼谷子为纵横家之鼻祖。——《隋书》

六韬·鬼谷子

文安邦、武定国

史记阅读

六韬·鬼谷子

^^^

　　《六韬》虽然被认为是吕望所作，实际上成书时间是战国中后期，但不排除其中反映了吕尚的某些军事思想。其真实作者已不可考。《六韬》的篇目，最早在《汉志》著录为《兵八十五篇》，今本即宋代删定的"武经"本《六韬》共60篇，二者相差25篇。如今所能看到的两种汉简本和唐写本残卷中的篇题和内容，既有与今本相同的，也有不同的。不同的篇题，如汉简中的《藻启》《治国之道第六》《以礼义为国第十》《国有八禁第二十》，唐写本中的《利人》《趋舍》《礼义》《大失》《动应》等。这些与今本不同的篇章内容当是60篇之外的15篇内容，或者为流传过程中失传，或者为宋朝廷颁定"武经"时删掉。今本《六韬》共六卷六十篇。

　　《六韬》是一部集先秦军事思想之大成的著作，《六韬》通过周文王、武王与吕望对话的形式，论述治国、治军和指导战争的理论、原则，对后代的军事思想有很大的影响，被誉为是兵家权谋类的始祖。司马迁《史记·齐太公世家》称："后世之言兵及周之阴权。皆宗太公为本谋。"北宋神宗元丰年间，《六韬》被列为《武经七书》之一，为武学必读之书。

　　《六韬》是宋代颁定的《武经七书》之一，是先秦兵书中集大成之作，受到历代兵家的重视，曾被译成西夏文，在少数民族中流传。它不仅文武齐备，在政治和军事理论方面往往发前人所未发，而且保存了丰富的古代军事史料，如编制、兵器和通讯方式等。该书具有重要的理论价值和史料价值。

　　人们通常把"六韬"与"三略"一起看作一个整体，其实他们并不是相同作者所著，不知者容易搞混。

　　《六韬》对后世有重大影响，张良、刘备、诸葛亮、孙权都重视《六韬》，《李卫公问对》中多次提到它，继《通典》后，唐人着书论兵也多引用它。宋、明、清对《六韬》注释、集释、汇解者，也不乏其人，该书在中国军事学术史上具有较高地位。

　　《六韬》在16世纪传入日本，18世纪传入欧洲，现今已翻译成日、法、朝、越、英、俄等多种文字。《六韬》在国外颇受重视。日本战国时代的足利学校（培养军事顾问的学校）就曾把《六韬》与《三略》定为该校的主要教科书。据有关书目记载日本研究译解《六韬》的著作也有三十多种。西方第一次翻译的中国兵书共四种，合称《中国军事艺术》，于1772年在法国巴黎出版，《六韬》就是其中一种。此外朝鲜、越南等邻国也相继出版和翻译了《六韬》。

《鬼谷子》是战国纵横家鼻祖"鬼谷子"王诩的著作。《鬼谷子》，又名《捭阖策》。据传是由鬼谷先生后学者根据先生言论整理而成。该书侧重于权谋策略及言谈辩论技巧。《鬼谷子》共有十四篇，其中第十三、十四篇（转丸、胠乱）失传。《鬼谷子》作为纵横家游说经验的总结，它融会了鬼谷子毕生学术研究的精华，其价值是不言自明的。该书作为纵横家的代表著作，为后世了解纵横家与道家的思想提供了不少的参考。

《鬼谷子》成书于春秋战国时期，这个时期周朝衰微，无实际控制能力，中原各国因社会经济条件不同，各国间战争日益加剧。根据许倬云编写的统计材料，公元前722—前464年的259年中，只有38年没有战争。各国之间的竞争，也间接带动了经济、文化等方面的发展，于是一个新的社会阶层应运出现了，这就是士。他们来自社会的各个方面，地位虽然较低，但很多是有学问有才能的人，有的是通晓天文、历算、地理等方面知识的学者，有的是政治、军事的杰出人才。其代表人物如孟子、墨子、庄子、荀子、韩非子、以及商鞅、申不害、许行、陈相、苏秦、张仪等，都是著名思想家、政治家、军事家或科学家。由于士的出身不同，立场不同，因而在解决或回答现实问题时，提出的政治主张和要求也不同。他们著书立说，争辩不休，出现了百家争鸣的局面，形成了儒家、道家、墨家、法家、阴阳家、名家、纵横家、杂家、农家、小说家等许多学派。鬼谷子是当时的纵横家，也是活跃于外交舞台上的名士张仪、苏秦的老师，俗称"鬼谷先生"。在战国时代频繁的外交活动和热烈的"百家争鸣"的激励下，他曾经东行游学于齐、魏等国，在那里授徒讲学。并在齐国留下其宝贵的讲稿。据1973年在长沙马王堆汉墓出土的《战国纵横家书》记载，苏秦约与燕昭王处于同时代，而张仪则与秦惠文王处于同时代，苏秦的活动年代要比张仪晚二三十年。他们先后在鬼谷先生处学习游说技术，后来都成为著名的外交活动家，在合纵连横的兼并战争中建过功业，这些都先后为《鬼谷子》的成书创造了条件。

辅助阅读

六韬·鬼谷子
^^^

习近平语录："我很不希望把古代经典的诗词和散文从课本中去掉，加入一堆什么西方的东西，我觉得'去中国化'是很悲哀的。应该把这些经典嵌在学生的脑子里，成为中华民族的文化基因。"

本书的阅读，将"嵌入"作为重点，以多视角，多元化，多维度为启动引擎，在阅读时从两个主体部分着眼，就会得到相得益彰的效果。

一、版块辅导

本书共分为六大版块：图解阅读、历史阅读、辅导阅读、原典今读、体验阅读和拓展阅读。

图形是一种视觉语言，它比文字简练、直观、立体，同时也蕴含着丰富的信息。本书的图解阅读部分就是最好的证明，这部分内容是对整本书的结构概括、作者生平以及本书的历史影响及文学地位的直观展示。

接下来是历史阅读，读者可以从这部分概括性的语言中对本书的意义、传承、影响等方面有一个总体的了解。这样，在阅读原著的时候就能够更加轻松的领悟作者的思想精髓。

原典今读是本书的重中之重，它主要由原文、注释、译文等知识版块构成。梳理原文，并对生僻难解的字词进行注释，同时还配有相应的译文，这些都有利于读者理解国学经典的内容。

体验阅读是当我们读完这本经典著作之后的收获和感想，帮助读者理解领悟作品中的思想精髓，指引我们树立正确的人生观，为美好的未来打下基础。

拓展阅读是编者为了满足读者的求知欲望，根据经典图书的内涵与外延总结的知识点，有利于读者更加深入地了解这部作品所没有详细讲解内容的出处。

二、原著辅导

《六韬》之"韬"，与"弢"字相通，原为"弓套"之意，含有深藏不露之意，引申为谋略。"六韬"，就是六种秘密谋略，即论述战争问题的六种韬略。全书以太公同文王、武王问答的形式写成，分六卷，共六十篇。

第一卷为《文韬》，包括"文师""盈虚""国务""大礼""明传""六守""守土""守国""上贤""举贤""赏罚""兵道"十二篇。第二卷为《武韬》，包括"发启""文启""文伐""顺启""三疑"五篇。第一卷和第二卷主要论述的是战略问题。《六韬》的战略思想包含两个层次：一是通过政治、经济和外交等手段实现政治目的的"全胜战略"，这是高层次的战略。二是通过军事斗争赢得战争胜利以实现政治目的的军事战略，这是相对低层次的战略。

关于"全胜战略"，《六韬》指出："全胜不斗，大兵无创。"（《发启》）并进而强调，要实现这种不战而胜的"全胜战略"，必须以强大的政治、经济实力作后盾，建立在国富兵强的基础之上。为此，提出了一套实现全胜战略的措施。在经济上，指出要大力发展"三宝"，即"大农""大工""大商"，充实经济实力，打好取得战争胜利的物质基础。在政治上，争取民心，爱护民众，取得举国上下的支持。在外交上，提出了"文伐"十二法，列举了分化、瓦解、离间敌人的各种方法。《六韬》认为，强大的实力只是为战胜敌人提供了可能，当这种全胜战略难以实现政治目的时，就要采取军事进攻的方式。即在考虑和制定战略时，不能仅仅依赖"兵不接刃而敌降服"的全胜战略，还要制定立足于战场胜负的军事战略。

《六韬》不仅论述了全胜战略和军事战略，还进一步阐明了全胜战略和军事战略之间的关系，认为全胜战略是军事进攻的准备和前提条件，只有综合运用全胜战略和军事进攻，才能达成战胜敌人的战略目的。任何战略的实现，都离个开一定的物质基础和主要手段。军事战略赖以实现的物质基础和主要手段是武装力量。《六韬》在第一卷和第二卷中论述了战略的有关问题后，紧接着在第三卷中便阐明了武装力量建设的有关问题。第三卷《龙韬》，包括"王翼""论将""选将""立将""将威""励军""阴符""阴书""军势""奇兵""五音""兵征""农器"十三篇。在本卷中，除了论述信赏明同、以法治军以及重视武器装备等问题外，重点阐述了将帅问题。将帅是军队建设的一项重要内容。这是因为，将帅作为军队的最高指挥官，其水平的高低，对军队本身的建设、战争的胜负，乃至整个国家和民族的兴盛衰亡，都会产生重大影响。军队建设的目的是为了作战，而要夺取作战的胜利，离不开一定的作战指导原则和方法。因此，《六韬》从第四卷开始，用了三卷的篇幅，详尽论述了各种条件下的具体战法。第四卷《虎韬》，包括"军用""三阵""疾战""必出""军略""临境""动静""金鼓""绝道""略地""火战""垒虚"十二篇，主要论述了在一般地形条件下的作战指导原则和战法。第五卷《豹韬》的"林战""突战""敌强""敌武""鸟云山兵""鸟云泽兵""少众""分险"八篇中，着重论述了各种特殊地形条件下的作战指导原则和战法。第六卷《犬韬》"分合""武锋""练士""教战""均兵""武车士""武骑士""战车""战骑""战步"等十篇中，论述了车、骑兵的组编以及各兵种的作战特点和协同作战的原则和方法。总之，《六韬》用了六卷的篇幅，广泛论述了各种作战形式，其篇幅之大，范围之广，分析之详尽具体，在先秦兵书中是绝无仅有的。

《鬼谷子》主要内容是一部研究社会政治斗争谋略权术的书，它的中心思想就是指导纵横家如何通过权谋策略及言谈辩论等技巧，实现既定的目标。《鬼谷子》亦是先秦时期以纵横思想为主的纵横家、兵家、道家、阴阳家、法家思想的集大成者，它与各家既有共同性，又有自己创特殊性。《鬼谷子》成书于战国时期，书中渗透出儒家、道家、阴阳家、兵家等诸家学说的思想内涵，集诸子百家学说之大成。对《鬼谷子》的研究，可以清晰地了解先秦时期的百家思想，从而对各家学派能有一个全面而系统的掌握，清晰地了解春秋战国文化史。《鬼谷子》的策略内容，对于从政治民、军事作战、经营管理、公关技术等具有普遍的指导意义和应用价值。其中蕴含了丰富的朴素辩证法哲理，这些哲理是鬼谷子紧密结合实际，针对现实问题而提出的解决办法，不仅对研究中国古代哲学思想源流提供了文献资料，而且对日常交往和现实生活也有广泛的适用性，提供了基本的处事原则。

原作新释

● 六韬 · 鬼谷子 ^^

六 韬

卷一 文韬

文师第一①

🌀 **原文**

文王将田，史编布②卜曰："田于渭阳，将大得焉。非龙、非彲③，非虎、非罴④，兆⑤得公侯，天遗汝师，以之佐昌，施及三王。"

文王曰："兆致是乎？"

史编曰："编之太祖史畴为禹占，得皋陶⑥，兆比于此。"

文王乃斋三日，乘田车，驾田马，田于渭阳。卒见太公，坐茅以渔。

文王劳而问之曰："子乐渔邪？"

太公曰："臣闻君子乐得其志，小人乐得其事。今吾渔，甚有似也，殆非乐之也。"

文王曰："何谓其有似也？"

太公曰："钓有三权⑦：禄等以权，死等以权，官等以权。夫钓以求得也，其情深，可以观大矣。"

文王曰："愿闻其情。"

太公曰："源深而水流，水流而鱼生之，情也；根深而木长，木长而实生之，情也；君子情同而亲合，亲合而事生之，情也。言语应对者，情之饰也；言至情者，事之极也。今臣言至情不讳，君其恶之乎？"

文王曰："惟仁人能受（至）〔正〕谏，不恶至情。何为其然？"

太公曰："缗⑧微饵明，小鱼食之；缗调饵香，中鱼食之；缗隆饵丰，大鱼食之。夫鱼食其饵，乃牵于缗；人食其禄，乃服于君。故以饵取鱼，鱼可杀；以禄取人，人可竭；以家取国⑨，国可拔；以国取天下，天下可毕。呜呼！曼曼绵绵⑩，其聚必散；嘿嘿昧昧⑪，其光必远。微⑫哉！圣人之德，诱⑬乎独见。乐哉！圣人之虑，各归其次⑭，而树敛⑮焉。"

文王曰："树敛何若而天下归之？"

太公曰："天下非一人之天下，乃天下之天下也。同天下之利者，则得天下；擅天下之利者，则失天下。天有时，地有财，能与人共之者，仁也。仁之所在，天下归之。免人之死，解人之难，救人之患，济人之急者，德也。德之所在，天下归之。与人同忧同乐，同好同恶者，义也。义之所在，天下赴之。凡人恶死而乐生，好德而归利，能生利者，道也。道之所在，天下归之。"

文王再拜曰："允哉⑯，敢不受天之诏命⑰乎！"乃载与俱归，立为师。

注释

①文师第一：本篇为《六韬》之首，是太公姜子牙治国方略的大纲。古人论兵，历来不仅仅就战争而论战争，《六韬》也是这样，首先把人心的向背视为决定战争胜负的基本条件。本篇以周文王打猎遇姜太公渭水垂钓为契机，围绕"天下归之"展开，论及人心所向的条件、作用和途径。实际上体现的是儒家治国的理想方略。

②布：宣告。

③彲：传说中的无角之龙。

④羆：一种熊，也叫马熊。

⑤兆：古时占卜，观看龟甲烧灼的裂纹，用来判断凶吉，这种裂纹叫做兆。引申为预兆。

⑥皋陶：传说舜之贤臣，掌刑狱之事。

⑦权：权谋，随机应变的谋略。

⑧缗：钓丝。

⑨家：大夫统辖之地为家，诸侯统辖之地为国，天子所辖，称天下。

⑩曼：通"漫"，此指空间的广阔；绵：绵长，指时间的长久。

⑪嘿：通"默"，无声；昧：光线昏暗。

⑫微：隐蔽，不显露。

⑬诱：教导、引导。

⑭次：按顺序排列。

⑮树：建立；敛：收揽。

⑯允：诚信。

⑰诏：告，多用于上对下。

译文

周文王准备打猎，太史编宣告占卜结果，说："在渭水北打猎，将会有很大的收获。不是获得龙、螭、虎、罴，预兆得到公侯，是上天赐给您的老师，辅佐您事业昌盛，并且延绵到以后的君王。"

文王说："占卜的征兆是这样的吗？"

太史编说："我的远祖太史畴给禹占卜，得到皋陶，这次占卜的征兆与那次的相同。"

文王于是斋戒三天，然后乘猎车，驾猎马，到渭水北岸打猎。终于见到太公姜子牙，他正坐在茅草丛生的岸边钓鱼。

文王慰劳他之后，问："您喜欢钓鱼吗？"

太公答道："臣听说君子以实现自己的志向为乐，一般的人以做好具体的事为乐。现在我钓鱼，与这个道理十分相似，并非以钓鱼为乐。"

文王问道："说二者相似，是什么道理？"

太公答道："钓鱼有三种权谋：'禄'作为一种权术和钓鱼相同，'死'作为一种权术和钓鱼相同，'官'作为一种权术和钓鱼相同。用鱼饵来钓到鱼，其中蕴含的道理很深，从钓鱼之中，可见悟出大的道理。"

文王说："很想听听其中的道理。"

太公说："源头深，水就流淌不息，水流而鱼生长，是自然之理；根深而树木生长，树木生长而结果实，是自然之理；君子认同的道理一致就亲近合作，亲近合作就能成事，也是自然之理。用一般的语言应对，表达的只是表面的道理；说极深的道理，才是事情的极至。现在我谈极深的道理而不掩饰，您难道不讨厌吗？"

文王说："惟有贤仁的人才能接受直言不讳的劝戒，不厌恶哪怕逆耳的忠言。那么您所说的'至情'是怎么回事呢?

太公回答道:"钓丝细小鱼饵显明,小鱼来吃;钓丝协调鱼饵喷香,中鱼来吃;钓丝粗长鱼饵丰盛,大鱼来吃。鱼吃饵食,就被钓丝所牵;人食俸禄,就服从于君王。所以用饵获鱼,鱼供人食用;用俸禄拢络人,人才就可尽君主所用;以'家'为根基来夺取'国','国'可以被占取;以'国'为根基来夺取天下,天下可以取得。啊!浩大绵长的,聚而必散;默默昏暗的,必定在以后显耀。不显露啊,圣人的德行,却能以独到的见解引导人们。快乐啊,圣人所考虑的,是让人们各得其所,并建构使天下归心的治国方略。"

文王问道:"建构怎样的治国方略才能使天下归顺呢?"

太公回答说:"天下不是一个人的天下,而是天下人的天下。与天下人共享天下之利的人,就能得到天下;独享天下之利的人,就会失去天下。天有四时,地有物产,能与天下人共享,是仁。仁所在之处,天下就归顺那里。"免除人们的死亡,解决人们的困难,解救人们的灾祸,帮助人们解除遇到的紧急严重的事情,是德。德所在之处,天下就归顺那里。与天下人的忧乐一样,好恶相同,是义。义所在之处,天下就争相归顺。凡是人类都厌恶死亡而乐于生存,喜好美好的德行和追求利益,能为天下谋利,就是道。道所在之处,天下就归顺到那里。

文王两拜之后说:"说得好啊!我怎敢不接受上天的诏命呢。"

于是,请太公上车,与他同车而归。并拜太公为师。

盈虚第二①

🌀 原文

文王问太公曰:"天下熙熙②,一盈一虚,一治③一乱,所以然者,何也?其君贤不肖不等乎?其天时变化自然乎?"

太公曰:"君不肖,则国危而民乱;君贤圣,则国安而民治。祸福在君,不在天时。"

文王曰:"古之贤君可得闻乎?"

太公曰:"昔者帝尧之王天下,上世所谓贤君也。"

文王曰："其治如何？"

太公曰："帝尧王天下之时，金银珠玉不饰，锦绣文绮④不衣，奇怪珍异不视，玩好之器不宝，淫佚⑤之乐不听，宫垣屋室不垩⑥，甍桷椽楹不斫⑦，茅茨偏庭不剪；鹿裘御寒，布衣掩形，粝粱⑧之饭，藜藿⑨之羹。不以役作之故，害民耕绩之时，削心约志，从事乎无为。吏忠正奉法者尊其位，廉洁爱人者厚其禄；民有孝慈者爱敬之，尽力农桑者慰勉之。旌别淑慝⑩，表其门闾⑪，平心正节，以法度禁邪伪。所憎者，有功必赏；所爱者，有罪必罚。存养天下鳏寡孤独，振赡祸亡之家。其自奉也甚薄，其赋役也甚寡。故万民富乐而无饥寒之色，百姓戴其君如日月，亲其君如父母。"

文王曰："大哉！贤君之德也。"

注释

①盈虚第二：篇名取自本篇首段中的一句。本篇以"贤君之治"为中心，论述了君主只要做到"自奉甚薄"，"赋役甚寡"，对官吏百姓做到旌淑禁慝，平心正节，安养鳏寡孤独，祸亡之家，就能得到天下百姓的拥戴亲近，最终实现"国安而民治"的道理。

②熙熙：广大的样子。

③治：治理得好，太平，与"乱"相对。

④文：线条交错的图形、花纹；绮：有花纹的丝织品。

⑤淫佚：纵欲放荡。

⑥垩：白色土，可用来粉饰墙壁。

⑦甍：屋脊；桷：方形的椽子；椽：架屋顶的圆木条；楹：柱子。

⑧粝：粗粮。

⑨藜藿：贫者所食野菜。

⑩淑：美，善良；慝：邪恶。

⑪表：表彰；闾：里巷的大门。

译文

周文王问太公说："天下广大，有时富足，有时乏缺，有时太平，有时混乱，之所以是这样，什么原因呢？是君主贤明或昏庸所致呢，还是天道自然变化所致呢？"

太公回答说："君主昏庸，则国家危亡，民众变乱；君主贤达圣明，则国家安定，民众太平。天下的祸福取决于君主，而不在天道。"

文王问："古时贤君的事迹，可以讲给我听吗？"

太公回答说："当初尧统治天下，前代的人都称道为贤君。"

文王问："他治理天下的情形如何呢？"

太公回答说："尧统治天下的时候，不用金银珠玉装饰，不穿锦绣文绮的衣物，不看奇珍异宝，不珍藏供人赏玩的物品，不听纵欲放荡的音乐，不粉饰宫墙房屋居室，不雕饰薨桷椽楹，偏僻庭院长了茅草也不修剪；穿鹿皮衣御寒，用麻布做衣蔽体，吃粗粮、野菜羹。不因公家的劳役而有违耕作蚕桑的农时，抑制约束欲念，以清静无为行事。官吏中，忠心正派奉公执法的，就提高他的地位；廉洁爱民的，就增加他的俸禄；百姓中尊老爱幼的，就尊敬他，尽力从事农业生产的，就慰劳鼓励他。区分美好与邪恶，美好的，要在他居住的里巷大门上公布，予以表彰，这样使人心公正节操端正，要用法度来禁止邪恶。对于所憎恶的人，他有了功劳，一定要奖赏；对于所喜爱的人，他有了罪过，一定要惩罚。养活天下所有丧妻、丧夫、幼年丧父和无依无靠的人，赈济因灾祸破亡的家庭。而给予自己的却很微薄，让人民为他服役干活的也很少。因此万民富有快乐而没有饥寒之色，百姓拥戴他们的君主，像拥戴日月一样，亲近他们的君主，像亲近他们的父母一样。"

文王说："了不起呀！贤君的德行。"

国务第三①

原文

文王问太公曰："愿闻为国之大务，欲使主尊人安，为之奈何？"

太公曰："爱民而已。"

文王曰："爱民奈何？"

太公曰："利而无害，成而勿败，生而勿杀，与而勿夺，乐而勿苦，喜而勿怒。"

文王曰："敢请释其故。"

太公曰："民不失务则利之，农不失时则成之，省刑罚则生之，薄赋敛则与之，俭宫室台榭②则乐之，吏清不苛扰则喜之。民失其务则害之，农失其时则败之，无罪而罚则杀之，重赋敛则夺之，多营宫室台榭以疲民力则苦之，吏浊苛扰则怒之。故善为国者，驭民如父母之爱子，如兄之爱弟，见其饥寒则为之忧，见其劳苦则为之悲，赏罚③如加于身，赋敛如取己物。此爱民之道也。"

注释

①国务第三：本篇论及治国的"大务"，是"主属民安"，而实现这一目标的惟一方式是"爱民"。本篇以"爱民"为重点，通过正反对比，论述了爱民的具体表现，并指明"爱民"的关键是待民如子如弟。

②台榭：此指供人游玩的建筑。榭：建筑在高土台上的房屋。

③赏罚：此处为偏义复词，指"罚"。

译文

文王问太公说："我想知道治理国家最重要的事务，要使君主受到尊重百姓安宁，怎样做到呢？"

太公说："爱民罢了。"

文王问："怎样爱民呢？"

太公说："对于百姓，让他们受利而不受害，使他们成功而不是失败，使他们生存而非死亡，给予他们而不是掠夺，使他们幸福而不让他们受苦，让他们高兴而不是怨气冲天。"

文王问："请您解释其中的缘故吧。"

太公说："百姓不失去他们该做的工作，就能让他们得利；使他们不失农时，他们的工作就能成功；减轻刑罚，就能让他们生存；减少赋税的征收，就是给予他们；简省宫室台榭的建造修葺，他们就轻松快乐；官吏清正而不苛刻侵扰他们，百姓就高兴。百姓失掉工作，就是残害他们；农民失去农作的时间，就是让他们败亡；人们无罪却受到惩罚，就是杀害；加重赋税，就是掠夺；多营造宫室台榭使民力疲惫，就让百姓苦不堪言；官治黑暗苛刻侵扰百姓，他们就心怀愤怒。所以善于治国的君主，治理人民，有如父母爱自己的子女，有如兄长爱自己的兄弟，见到他们挨饿受冻，就担忧他们；看到他们劳累痛苦，就感到伤悲；惩罚他们，好像自己受刑一样；向他们收征赋税，就好像搜刮自己的一样。这就是爱民的方法。"

大礼第四①

 原文

文王问太公曰："君臣之礼如何？"

太公曰："为上唯临②，为下唯沉③。临而无远④，沉而无隐⑤。为上唯周⑥，为下唯定⑦。周则⑧天也，定则地也。或天或地，大礼乃成。"

文王曰："主位如何？"

太公曰："安徐而静，柔节先定，善与而不争，虚心平志，待物以正。"

文王曰："主听如何？"

太公曰："勿妄而许，勿逆⑨而拒。许之则失守，拒之则闭塞。高山仰止⑩，不可极也；深渊度之，不可测也。神明⑪之德，正静其极。"

文王曰："主明如何？"

太公曰："目贵明，耳贵聪，心贵智。以天下之目视，则无不见也；以天下之耳听，则无不闻也；以天下之心虑，则无不知也。辐凑⑫并进，则明不蔽矣。"

注释

①大礼第四：礼，指我国古代所规定的社会行为的法则、规范、仪式的总称。大礼，指君臣间的行为规范。本篇则主要从"主（君）位""主听""主视"三个方面阐述了君主如何守"礼"的道理。

②唯：无意义，凑足音节；临：居上视下。

③沉：潜伏。

④远：疏远，离去。

⑤隐：潜藏、藏匿。

⑥周：遍及、普及。

⑦定：安定、停留静止。

⑧则：效法。

⑨逆：抵触、违背。

⑩止：无意义，凑足音节。

⑪神明：指无所不知，如神之明。

⑫辐：车轮的辐条；凑：同"辏"，车轮上的辐条集中于毂上。

译文

文王问太公说："君臣之礼是怎样的？"

太公说："做君主的，居上而视下；做臣民的，潜伏而安分。居上视下而不能疏远臣民，潜伏安分而不能藏匿不出。做君主的，要周全不漏；做臣民的，要安分不燥。'周'，是效法天，自上而覆盖大地；'定'，是效法地，安然受上天的笼罩。有'天'有'地'，君臣大礼就成就了。"

文王问："居君主之位，应该如何做？"

太公说："安详舒缓沉静，柔和有节制，胸有成算，善于给予而不与臣民争夺，虚怀而有平常之心，以公正处理事务。"

文王问："君主如何听取意见呢？"

太公说："不能什么都听取胡乱地承诺，不能因意见不合自己心意而拒绝听取。轻易承诺就失去了原则，拒绝逆耳之言，就堵塞了言路，堵塞了自己的视听。高山仰头看，看不到它的极顶；深渊测量，测不到它的深度。高度的智慧，源于极度的公正沉静。"

文王问："君主如何洞察天下呢？"

太公说："眼睛贵在能看清事物，耳朵贵在能听进意见，心贵在有智慧。用天下人的眼睛看万物，就能无所不见；用天下人的耳朵听取各种意见，就能无所不闻；用天下人的头脑去思考问题，就能无所不知。像车轮的辐条集中到车轴一样，天下人的视听所得集中到君主那里，君主就能洞察一切而不受蒙蔽了。"

明传第五①

 原文

文王寝疾，召太公望②，太子发在侧。曰："呜呼！天将弃予，周之社稷将以属汝③。今予欲师至道之言，以明传之子孙。"

太公曰："王何所问？"

文王曰："先圣之道，其所止，其所起④，可得闻乎？"

太公曰："见善而怠，时至而疑，知非而处，此三者道之所止也。柔而静，恭而敬⑤，强而弱，忍而刚，此四者道之所起也。故义胜欲则昌，欲胜义则亡；敬胜怠则吉，怠胜敬则灭。"

注释

①明传第五：篇名出自本篇首段的一句话。本篇所言，是文王通过太公教诲太子姬发的治国之道。指明"三止""四起"是治国的根本道理。

②太公望：姜子牙又名吕望，尊称太公望。

③属：委托，嘱托；汝，此指太子姬发。自夏以后，君主传位皆为嫡长子。姬发，文王次子，长子因质于商，故立发为太子。文王死后，发继位，在姜子牙辅佐下，灭商，建立周朝，史称武王。

④起：扶持、兴起。

⑤恭：谦逊有礼；敬：严肃、慎重。

译文

文王卧病在床，召见太公吕望，太子姬发在旁边。文王说："唉！上天要结束我的生命了，周的社稷将要嘱托给你。现在我想听听老师的至理之言，把这些明确地传给子孙后代。"

太公问："大王要问什么呢？"

文王说："古代圣贤治国之道，所制止的，所扶持的，能说给我听吗？"

太公说："遇见善事却懒怠不为，时机来临却犹疑不决，明知是错误的却泰然处之，这三项，是先圣治国之道所制止的。柔和而沉静，谦逊有礼而又严肃慎重，内强而形弱，隐忍而实刚强，这四点，是先圣治国之道所扶持推行的。所以道义胜过私欲，国家就兴盛；私欲胜过道义，国家就败亡；严肃慎重胜过懈怠，国家就吉祥；懈怠胜过严肃慎重，国家就灭亡。"

六守第六①

📃 原文

文王问太公曰："君国主民者，其所以失之者何也？"

太公曰："不慎所与②也。人君有六守、三宝。"

文王曰："六守者何也？"

太公曰："一曰仁，二曰义，三曰忠，四曰信，五曰勇，六曰谋，是谓六守。"

文王曰："慎择六守者何？"

太公曰："富之而观其无犯③，贵之而观其无骄④，付之而观其无转⑤，使⑥之而观其无隐，危之而观其无怨，事之而观其无穷。富之而不犯者仁也，贵之而不骄者义也，付之而不转者忠也，使之而不隐者信也，危之而不恐者勇也，事之而不穷者谋也。人君无以三宝借⑦人，借人则君失其威。"

文王曰："敢问三宝？"

太公曰："大⑧农、大工、大商，谓之三宝。农一其乡⑨，则谷足；工一其乡，则器足；商一其乡，则货足。三宝各安其处，民乃不虑。无乱其乡，无乱其族，臣无富于君，都无大于国⑩。六守长，则君昌；三宝完，则国安。"

📃 注释

①六守第六：本篇围绕如何使君位久长、国家安定展开论述。指出要使君位久长，必须依"六守"标准来择人而用，要使国家安定，必须完善"三宝"。

②与：托付。

③犯：触犯。

④骄：自满，放纵。

⑤转：逃避。

⑥使：出使。

⑦借：帮助。

⑧大：以……为大，意为看重。

⑨乡：古代的一种居民组织，一万二千五百户为一乡。

⑩国：国都。

译文

文王问太公说："掌管国家统驭人民的君王，他失去国家人民的原因，是什么呢？"

太公说："是没有审慎地委用官员。国君要不失去国家人民，应当有'六守''三宝'。"

文王问："'六守'是什么呢？"

太公说："一是仁，二是义，三是忠，四是信，五是勇，六是谋，这些就是'六守'。"

文王问："怎样审慎地依'六守'来选拔官员呢？"

太公说："让他富有，看他是否触犯礼法；让他地位尊贵，看他是否自满放纵；托付事情给他，看他是否逃避；让他出使别国，看他是否将情况有所隐瞒不说真话；让他身处险境，看他是否恐惧；让他干事，看他是否束手无策。让他富有而不触犯礼法，是仁；让他尊贵而不自满放纵，是义；托付事情给他而不逃避，是忠；让他出使别国而不有所隐瞒，是信；身处险境而不恐惧，是勇；让他干事而不束手无策，是谋。君王不要拿'三宝'去资助别人，资助别人，君王就失去他的权威。"

文王问："请问'三宝'是什么？"

太公说："大农、大工、大商，称之为'三宝'。在乡里统一安排农业、手工业、商业，就会粮食、器具、货物充足。这样农工商各得其所，人民就不会担忧了。不去扰乱乡的行政区划，不去扰乱人民的家族关系，臣不比君富有，都邑不比国都大。'六守'的用人标准得到推广实行，那么君位长久；'三宝'完整，那么国家安定。"

守土第七①

原文

文王问太公曰："守土奈何？"

太公曰："无疏其亲，无怠其众，抚其左右，御其四旁。无借人国柄，借人国柄，则失其权。无掘壑而附丘，无舍本而治末。日中必彗②，操刀必割，执斧必伐。日中不彗，是谓失时；操刀不割，失利之期；执斧不伐，贼人将来。涓涓不塞，将为江河；荧荧③不救，炎炎奈何；两叶④不去，将用斧柯。是故人君必从事于富，不富无以为仁，不施无以合亲。疏其亲则害，失其众则败。无借人利器，借人利器则为人所害，而不终其正也。"

文王曰："何谓仁义？"

太公曰："敬其众，合其亲。敬其众则和，合其亲则喜，是谓仁义之纪。无使人夺汝威，因其明，顺其常。顺者任之以德，逆者绝之以力。敬之无疑，天下和服。"

注释

①守土第七：本篇题名守土，实为保君。保君与守土是一致的。文章阐明要君主"终其正"，就不能舍本治末，丧失时机，而要"从事于富"进而行仁义，使"天下和服"的道理。

②彗：曝晒。

③荧：微弱的光。此指仅能发出微光的小火。

④两叶：树木初生时，其苗为两叶。

译文

文王问太公说："怎样守住国土呢？"

太公说："不要疏远宗室亲族，不要怠慢民众，要安抚左右亲近，统御四方。不要将国家大权借人，国家大权借人，国君就失去权威。这好比不能挖沟取泥而去增附山丘一样，不能舍本而只抓住枝末微节的小事。日当正午，必定曝晒，操刀在手，必定要收割，执斧必定要砍伐。日当正午而不曝晒，这叫做失时；操刀而不收割，就丧失了有利的时机；执斧而不砍伐，贼人就要来盗伐。不堵塞涓涓细流，必将汇聚成江河；不扑灭荧荧小火，必将燃成炎炎大火而莫可奈何；刚刚萌发两片小叶时不加删除，必将长成大树，那时就得用利斧去费力砍伐。因此，国君所做之事，是使国家富足，国不富足，就无法施行仁政，仁政不施，无法团结亲族，疏远了亲族，就会受害，失去民众，就会导致失败。不要借人以国家大权，借人以国家大权，就会为人所害，自己正当的权势也不得维持到终结。"

文王问："什么是仁义？"

太公说："敬重自己的民众，团结自己的宗室亲族。敬重民众，就和顺；团结宗室亲族，就欢喜，这就是行仁义的准则。不要让人夺去您的权威，要凭自己的明察，顺应规律。对待顺服的人给予恩德，以武力对付、消灭反对自己的人。敬重这些原则，天下就会和顺服从。"

守国第八①

 原文

文王问太公曰："守国奈何？"

太公曰："斋②，将语君天地之经，四时所生，仁圣之道，民机之情。"

王即斋七日，北面③再拜而问之。

太公曰："天生四时，地生万物，天下有民，仁圣牧之。故春道生，万物荣；夏道长，万物成；秋道敛，万物盈；冬道藏，万物寻④。盈则藏，藏则复起，莫知所终，莫知所始。圣人配之，以为天地经纪。故天下治，仁圣藏；天下乱，仁圣昌，至道其然也。圣人之在天地间也，其宝固大矣。因其常而视之，则民安。夫民动而为机⑤，机动而得失争矣。故发之以其阴，会⑥之以其阳。为之先唱⑦，天下和之。极反其常，莫进而争，莫退而让。守国如此，与天地同光。"

注释

①守国第八：本篇论述如何才能长久地保有国家的道理。要长久保有

国家，必须依循自然社会变化的规律来治理国家。重点阐明了仁圣之君在
国家治乱中的作用。

②斋：斋戒。

③北面：古代君见臣，尊长见卑幼，面向南而坐，那么卑幼见尊长则
面向北。

④寻：重温。此指待来年重新开始。

⑤机：通"几"，事情的苗头，征兆。

⑥会：会聚。

⑦唱：通"倡"，倡导。

译文

文王问太公说："怎样才能保有国家呢？"

太公说："请斋戒，我将对您讲天地的根本规律，四季万物生长的情
形，仁爱圣明之君治理国家的道理，民心变化的情由。"

文王斋戒了七天，以弟子身份向北面两拜之后，请教太公。

太公说："上天有四季的变化，大地生长万物。天下有民众，由仁爱
圣明之君管理他们。春季的规律是万物萌生，欣欣向荣；夏季的规律是万
物生长，茂盛繁荣；秋季的规律是收获，万物充盈饱满；冬季的规律是储
藏，万物准备着来年的重新萌发生长。丰盈而满，就要收敛潜藏，收敛潜
藏之后，就又开始萌生，如此周而复始，循环往复，不知其终，不知其
始。圣人依循这种规律，把它作为治理天下的准绳。故而天下治理清明，
仁爱圣明之君就潜伏而隐；天下动乱，仁爱圣明之君就大有作为。最高深
精微的道理就是如此。圣人存在于天地之间，他们的作用的确大得很啊。
因循规律来治理，百姓就安定。民众出现动荡的征兆，这种征兆一经出
现，利益得失的争夺就随之而来。民众动荡的蕴酿，往往在暗中进行，不
易发现，一旦汇聚，就公开暴发出来。因此在动荡之先，就要正面倡导，
那么天下必然应和，消弭动荡于无形。应当和常人的作为相反，不能因进
取而变为争夺，不能因退守而辞让。像这样保有国家，国家就能与天地共
存，与日月同光。"

上贤第九①

原文

文王问太公曰："王人者何上何下，何取何去，何禁何止？"

太公曰："王人者上贤，下不肖②，取诚信，去诈伪，禁暴乱，止奢侈。故王人者有六贼七害。"

文王曰："愿闻其道。"

太公曰："夫六贼者：

一曰，臣有大作宫室池榭，游观倡乐者，伤王之德；

二曰，民有不事农桑，任气游侠③，犯历法禁，不从吏教者，伤王之化；

三曰，臣有结朋党，蔽贤智，障主明者，伤王之权；

四曰，士有抗志高节④，以为气势，外交诸侯，不重其主者，伤王之威；

五曰，臣有轻爵位，贱有司⑤，羞为上犯难者，伤功臣之劳；

六曰，强宗侵夺，陵侮贫弱者，伤庶人之业。

七害者：

一曰，无智略权谋，而以重赏尊爵之故，强勇轻战，侥幸于外，王者慎勿使为将；

二曰，有名无实，出入异言，掩善扬恶，进退为巧，王者慎勿与谋；

三曰，朴其身躬，恶其衣服，语无为以求名，言无欲以求利。此伪人也，王者慎勿近；

四曰，奇其冠带，伟其衣服，博闻辩辞，虚论高议，以为容美，穷居静处，而诽时俗。此奸人也，王者慎勿宠；

五曰，谗佞苟得，以求官爵，果敢轻死，以贪禄秩，不图大事，得利而动，以高谈虚论说于人主，王者慎勿使；

六曰，为雕文刻镂，技巧华饰，而伤农事，王者必禁之；

七曰，伪方异伎，巫蛊左道⑥，不祥之言，幻惑良民，王者必止之。

故民不尽力，非吾民也；士不诚信，非吾士也；臣不忠谏，非吾臣也；吏不平洁爱人，非吾吏也；相不能富国强兵，调和阴阳，以安万乘之主⑦，正群臣，定名实，明赏罚，乐万民，非吾相也。夫王者之道如龙首，高居而远望，深视而审听，示其形，隐其情，若天之高不可极也，若渊之深不可测也。故可怒而不怒，奸臣乃作；可杀而不杀，大贼⑧乃发；兵势不行，敌国乃强。"

文王曰："善哉！"

注释

①上贤第九：上贤，指推崇德才兼备的人才。本篇围绕国君不能任用哪些人展开论述，为此提出了"六贼""七害"的标准。

②不肖：原为子不似父，此指不贤，与"贤"相对，即不才，不正派。

③任气：意气用事；游侠：好交游，急人之难，轻生重义的一类人，但他们常以武犯禁，无视国家法令。

④抗志高节：抗，通"亢"，高。此含贬意，指自命不凡的人。

⑤有司：官吏，古代设官分职，事各有专司，故称有司。

⑥巫蛊：巫，以装神替人祈祷为职业的人。蛊，人工培养的毒虫，用以害人而人不知。左道：邪道旁门。

⑦万乘之主：大国之君。古制大国拥战车一万辆，故有此称。

⑧贼：强盗。古书中的"贼"多指奴隶或农民的起义。

译文

文王问太公说："统治民众的君主应当推崇什么，贬抑什么？获取什么，去掉什么？严禁什么，制止什么？"

太公说："君王应当推崇贤人，贬抑不贤的人；任用忠诚有信用的人；罢免欺诈虚伪的人；严禁暴乱，制止奢侈。故而治理天下的君主，有'六贼'，'七害'。"

文王说："我想听听这些道理。"

太公说："所谓'六贼'：

"一是大肆营造宫室池塘台榭，游乐观赏，提倡享乐的臣子，他们败坏君王的德行；

"二是不从事农桑生产，意气用事，居无定所，专打抱不平，从而触犯法令，不听从官吏管教的平民，他们败坏君王的教化；

"三是相互勾结，结成小集团，蔽塞贤人正确言路，阻障君主视听的臣子，他们败坏君王的权力；

"四是自视不凡，心高气傲，在外交结诸侯，不以自己君主为重的士人，他们败坏君王的威势；

"五是轻视爵位，藐视官吏，耻于为君主犯难涉险的臣子，他们伤害有功之臣的心；

"六是凭借自己家族强大的势力，侵扰掠夺，欺凌穷人弱者的人，他们损害平民的生业。

"所谓'七害'：

"一是没有智慧权谋，只为了自己获取重赏高官，恃勇而轻率出战，企图侥幸立功的，君王切勿使他率兵为将；

"二是有名无实，言行不一，掩人之善，扬人之恶，到处钻营，投机取巧的，君王切勿和他商量谋划；

"三是外表朴素，衣装粗劣，口称无为而实际追名，说什么都不想要而实际逐利，这是虚伪的人，君王切不可与他接近；

"四是奇装异服，博闻善辩，好发不着边际的高论，以此装点门面，身居僻远，不好与人往来，却好批评时俗，这是奸诈的人，君王切不可宠爱；

"五是谗言谄媚，不择手段地谋求官爵，莽撞轻死，贪求俸禄，不考虑大事，只要有利就干，用不着边际的空论来游说人主，这样的人君王切勿任用；

"六是从事雕饰文彩，刻镂花纹，技艺工巧，华丽装饰，从而影响农事生产的，君王一定要禁止；

"七是骗人方术，奇异技艺，巫蛊左道，不祥妖言，从而欺骗蛊惑良善百姓的，君王一定要制止。

"所以民众不尽力，就不是我的民众；士人不忠诚守信，就不是我的士人；臣子不忠实进谏，就不是我的臣子；官吏不公平廉洁爱民，就不是我的官吏；宰相不能使国富兵强，阴阳调和，而使君王安定，群臣守正，名实相符，赏罚分明，万民祥和安乐，就不是我的宰相。君王统驭的道理，好比龙头，居于高处，看得远大，视听深而周密，显示他的外表，而深藏他的内心真情，好像天高得不可穷尽，好像潭渊深得不可测量。故而该发怒时不发怒，奸臣就出现了；该杀的而不杀，大盗就产生了；该用兵时而不用兵，敌国就强大起来了。"

文王说："说得好啊！"

举贤第十①

文王问太公曰："君务举贤而不获其功，世乱愈甚，以致危亡者何也？"

太公曰："举贤而不用，是有举贤之名而无用贤之实也。"

文王曰："其失安在？"

太公曰："其失在君好用世俗之所誉，而不得真贤也。"

文王曰："何如？"

太公曰："君以世俗之所誉者为贤，以世俗之所毁者为不肖，则多党②者进，少党者退。若是则群邪比周③而蔽贤，忠臣死于无罪，奸臣以虚誉取爵位，是以世乱愈甚，则国不免于危亡。"

文王曰："举贤奈何？"

太公曰："将相分职，而各以官名举人，按名督实，选才考能，令实当其名，名当其实。则得举贤之道也。"

①举贤第十：举贤，指推举选拔德才兼备的人才。本篇与上篇论述的中心是有密切的内在联系，但侧重不同，上篇重在认识贤能的标准，本篇则论述了不得真贤的危害和原因，并指明得到真贤应采取的具体措施。

②党：集团，古代多用于贬意。

③比周：勾结。

译文

文王问太公说:"君主致力推举贤能,却收不到推举贤能的实效,世道反而愈加混乱,以致于危亡,这是什么原因呢?"

太公说:"因为推举了贤能,却发挥不了贤能的作用,这是徒有举贤的虚名而没有用贤的实效。"

文王问:"这种失误的原因在哪里?"

太公说:"这种失误在于喜欢用世俗所赞誉的所谓贤能,而没有得到真正的贤能。"

文王问:"这是怎么一回事?"

太公说:"君王以世俗所称赞的人为贤能,以世俗所贬毁的人为不才不正派,于是结党多的人,被推举,结党少的人,被贬斥。像这样下去,一群群的邪恶小人勾结串通,埋没了真正的贤能的人,忠臣无罪而处死,奸臣凭借虚假的赞誉而进禄加官,因此世道就更加混乱,那么,国家也难免危机灭亡了。"

文王问:"那么怎样推举贤能呢?"

太公说:"把将相的职分分开,分别以官职的职分来推举相关的人员,按照官职的职分来督查实绩,选拔考核人才,让实际的才干与他官职的名分相当,让官职的名分和他的实际才干相当,这就得到了推举贤能的方法了。"

赏罚第十一①

原文

文王问太公曰:"赏所以存劝②,罚所以示惩。吾欲赏一以劝百,罚一以惩众,为之奈何?"

太公曰:"凡用赏者贵信,用罚者贵必。赏信罚必于耳目之所闻见,则所不闻见者,莫不阴化③矣。夫诚畅于天地,通于神明,而况于人乎?"

注释

①赏罚第十一：本篇论述了"赏一劝百，罚一惩众"的赏罚目的和
"赏信罚必"的赏罚原则。

②劝：勉励。

③阴化：暗中变化。

译文

文王问太公说："奖赏用来勉励人，惩罚用来责罚人。我想奖赏一人
而使众人得到勉励争做好事，责罚一人而使众人因之受到警戒，不做坏
事，为了这个目的，该怎么办呢？"

太公说："但凡奖赏，贵在守信，惩罚贵在坚决执行。奖赏守信，惩
罚必行，是见之于眼，闻之于耳的。即或没有见到听到，也没有不潜移默
化受到勉励警戒。诚信能畅行于天地之间，通达于神明，更何况是对
人呢？"

兵道第十二①

原文

武王问太公曰："兵道如何？"

太公曰："凡兵之道，莫过乎一②。一者能独往独来。黄帝曰：'一者
阶于道，几于神。'用之在于机，显之在于势，成之在于君。故圣王号兵
为凶器，不得已而用之。今商王知存而不知亡，知乐而不知殃。夫存者非
存，在于虑亡；乐者非乐，在于虑殃。今王已虑其源，岂忧其流③乎？"

武王曰："两军相遇，彼不可来，此不可往，各设固备，未敢先发，
我欲袭之，不得其利，为之奈何？"

太公曰："外乱而内整，示饥而实饱，内精而外钝。一合一离，一聚
一散。阴其谋，密其机，高其垒，伏其锐士，寂若无声，敌不知我所备，
欲其西，袭其东。"

武王曰："敌知我情，通我谋，为之奈何？"

太公曰："兵胜之术，密察敌人之机，而速乘其利，复疾击其不意。"

注释

①兵道第十二：文章主要从三方面阐述用兵之道。一是指挥要高度统一；二是两军相持，如何发起攻击；三是敌方了解我方情况，如何快速出击。

②一：此指高度统一。

③流：原指河流的主干，文意与前文"源"（根本）相应，此意为非根本问题。

译文

武王问太公说："用兵之道是怎样的呢？"

太公说："用兵之道，莫过于指挥高度统一。指挥高度统一，就能行动自由，不受外界的干扰。黄帝说：'做战指挥统一就掌握了用兵的规律，通过这条道路，就能进入神妙莫测的用兵境界。'这条原则的运用，在于把握战机，其显现在军队的态势上，而成功在于君主。所以圣明之君称兵器为凶器，不得已才使用它。现在商纣王只知道自己的统治还存在，却不知覆亡在即，只知享乐而不知大难将要临头。存在的是否真正存在，在于居安而思危；享乐的是否真正能享乐，在于乐而不忘忧。现在武王您已考虑了这个根本问题，还须担忧其它枝节问题吗？"

武王问："两军相遇，他打不过来，我攻不过去，各自坚守，谁也不敢率先发动进攻，我方想袭击对方，但条件又不利，对此该怎么办呢？"

太公说："外表假装混乱而内部严整，对外装作饥饿而实际给养充足，内部精锐而外示软弱。部队时合时离，时聚时散，隐藏我方的真实意图，谋划高度保密，加高壁垒，把精锐部队埋伏起来，寂若无声，敌人不知我方部署，想打西边，却先佯攻东边。"

武王说："如果敌人知道了我方军情，掌握了我方的策划，对此该怎么办呢？"

太公说："战斗取胜之法，仔细地察明敌情，迅速把握有利战机，然后出其不意地快速出击。"

卷二 武韬

发启第十三①

 原文

文王在酆召太公曰："呜呼！商王虐极，罪杀不辜。公尚助予忧民，如何？"

太公曰："王其②修以下贤③，惠民以观天道④。天道无殃，不可先倡；人道⑤无灾，不可先谋。必见天殃，又见人灾，乃可以谋。必见其阳，又见其阴，乃知其心；必见其外，又见其内，乃知其意；必见其疏，又见其亲，乃知其情。

"行其道，道可致也；从其门，门可入也；立其礼，礼可成也；争其强，强可胜也。

"全胜不斗⑥，大兵无创⑦，与鬼神通。微哉！微哉！

"与人同病相救，同情相成，同恶相助，同好相趋。故无甲兵而胜，无冲机而攻，无沟堑而守。

"大智不智，大谋不谋，大勇不勇，大利不利。利天下者，天下启⑧之；害天下者，天下闭⑨之。天下者非一人之天下，乃天下之天下也。取天下者，若逐野兽，而天下皆有分肉之心；若同舟而济，济则皆同其利，败则皆同其害。然则皆有启之，无有闭之也。

"无取于民者，取民者也；无取于国者，取国者也；无取于天下者，取天下者也。无取民者，民利之；无取国者，国利之；无取天下者，天下利之。故道在不可见，事在不可闻，胜在不可知。微哉！微哉！

"鸷鸟⑩将击，卑⑪飞敛翼；猛兽将搏，弭耳⑫俯伏；圣人将动，必有愚色⑬。

"今彼殷商，众口相惑，纷纷渺渺，好色无极，此亡国之征也。吾观其野，草菅⑭胜谷；吾观其众，邪曲胜直；吾观其吏，暴虐残贼，败法乱刑。上下不觉，此亡国之时也。

"大明发而万物皆照，大义⑮发而万物皆利，大兵发而万物皆服。大哉圣人之德！独闻独见，乐哉！"

注释

①发启第十三：本篇主要阐发了万民归顺统一天下的策略和方法，强调要以德行取胜而不是以武攻取胜。

②其：副词，表祈求的意思，相当于"当"，可译为应该。

③下贤：对地位低下的贤能之士以礼相待，即礼贤下士。

④天道：自然的规律，此处指天命。

⑤人道：人类社会的道德规范，此处指人事。

⑥全胜不斗：没有动用一兵一卒而大获全胜。

⑦大兵无创：全军临敌而完好无损。

⑧启：本义是开，这里引申为敞开胸怀，竭诚欢迎。

⑨闭：本义是关，这里引申为不接纳，反对。

⑩鸷鸟：指鹰、雕之类凶猛的飞禽。

⑪卑：低下。

⑫弭耳：将耳朵平贴以示温驯。弭：驯服，服从。

⑬愚色：愚笨迟钝的样子。

⑭草菅：草和菅。菅：一种多年生的草。

⑮大义：光明正大的义举。

译文

周文王在丰邑召见太公，对他说："唉！商纣王真是暴虐到了极点，任意地杀戮无辜的百姓，请您辅助我拯救万民于水火，您看该怎么办呢？"

太公说："君主应当修养德行，礼贤下士，施恩惠给老百姓，并观察天道的吉凶。当天道还没有灾祸的征兆时，不能首先倡导征讨；当人道没有出现祸乱时，不可首先谋划发动战争。一定要既看到了天灾，又看到了人祸，才可以谋划兴师征讨。一定要既看到他的公开言行，又了解了他的秘密举动，才能明了他的内心世界；一定要既看到他的外在表现，又掌握他的内心情况，才能知道他的真实用意；一定要既看到他疏远哪些人，又看到他亲近哪些人，才能知道他的真情实感。实行吊民伐罪之道，就可以实现统一天下的政治理想；遵循正确的路线，就可以达到一统世界的目的；建立的礼乐制度若能适应社会发展的需要，就一定能取得成功；确立强大的优势地位，就能够战胜强大的敌人。

"不经过战斗就能大获全胜，以全军临敌却能完好无损，这可真谓是用兵如神。实在是微妙，微妙啊！

"能与他人同疾病而相互救助，同情感而相互保全，同憎恶而相互帮忙，同喜好而共同追求。因此，不费一兵一甲也能取得胜利，没有冲车机弩也能发起攻势，没有壕沟营垒也能坚固防御。

"真正的智慧，不是表现为外在的聪明；真正的谋略，不是表现为外在的计谋；真正的勇敢，不是表现为外在的逞强；真正的利益，不是表现为外在的好处。为天下人谋利益的，天下人都欢迎他；为天下人招致灾祸的，天下人都反对他。天下不是哪一个人的天下，而是天下所有人的天下。夺取天下，就像追赶野兽一样，天下所有人都有分享兽肉的愿望；又好像是同舟共渡，若渡河成功，那么大家都可以从中受益，若渡河失败，那么大家都会因此而遭难。这样做，天下人就都欢迎他，而不会反对他了。

不从民众那里掠取利益，却能够从民众那里得到利益；不从别国那里掠取利益，却能够从别国那里得到利益；不从天下掠取利益，却能够从天下获得利益。不掠取民众利益的，民众拥戴他；不掠取别国利益的，别国归顺他；不掠取天下利益的，天下拥护他。所以说，这种方法妙在使人看不见，这种事情妙在使人听不到，这种胜利妙在使人不可知。真是微妙微妙啊！

鸷鸟将要发起袭击时，必先收起翅膀低矮地飞行；猛兽将要进行搏斗时，必先平贴耳朵，伏下身子；圣贤将要采取行动时，必先向世人显露出自己的愚钝和笨拙。

现在的商朝，谣言四起，社会动荡，而纣王依旧荒淫无度，这是国家灭亡的征兆。我观察他们的田地里，野草生长得比禾苗还要茂盛；我观察他们的大臣，奸佞小人比正直之士更受到重用；我观察他们的官吏，暴虐残忍，违法乱纪。可朝廷上下依然执迷不悟，这是到了国家灭亡的时候。

旭日当空则天下万物都能普照阳光，正义所至则天下万物都能得到利益，大军兴起则天下万物都能欣然归附。伟大啊，圣人的德性！他独到的见地，无人能及，这才是最大的快乐啊！"

文启第十四①

原文

文王问太公曰："圣人何守？②"

太公曰："何忧何啬③，万物皆得；何啬何忧，万物皆遒④。政之所施，莫知其化；时之所在，莫知其移。圣人守此而万物化！何穷之有，终而复始！

"优之游之⑤，展转⑥求之；求而得之，不可不藏；既以藏之，不可不行；既以行之，勿复明之。夫天地不自明，故能长生；圣人不自明，故能名彰。

"古之圣人聚人而为家，聚家而为国，聚国而为天下，分封贤人以为万国，命之曰'大纪⑦'。陈⑧其政教，顺其民俗，群曲⑨化直，变于形容⑩，万国不通，各乐其所，人爱其上，命之曰'大定⑪'。呜呼！圣人务静之，贤人务正之。愚人不能正，故与人争。上劳则刑繁，刑繁则民忧，民忧则流亡。上下不安其生⑫，累世不休，命之曰'大失⑬'。

"天下之人如流水，障之则止，启之则行，静之则清。呜呼！神哉！圣人见其所始，则知其所终。"

文王曰："静之奈何？"

太公曰："天有常形⑭，民有常生⑮，与天下共其生而天下静矣。太上因之，其次化之。人民化而从政，是以天无为而成事，民无与而自富，此圣人之德也。"

文王曰："公言乃协予怀⑯，夙夜念之不忘，以用为常。"

注释

①文启第十四：本篇阐明了要使国家长治久安，必须实行无为而治的政策。无为而治所强调的就是顺其自然，因势利导，使"民化而从政"。

②守：遵守，遵循。

③何忧何啬：既不忧虑什么，也不压制什么，一切都顺其自然。啬：
闭塞不通畅，这里指阻塞、压制。

④道：刚劲有力，此处指繁荣滋长。

⑤优之游之：从容不迫、悠闲自得的样子。

⑥展转：翻来覆去，反反复复。

⑦大纪：治理国家的纲纪。

⑧陈：宣扬。

⑨曲：不公正、邪僻。

⑩变于形容：使旧的不好的习气得到改变，即移风易俗。变，改变。
形容，指旧的不好的习气。

⑪大定：长治久安。

⑫不安其生：不能安身立命，生活无着落，精神无寄托。

⑬大失：最大的失误。

⑭常形：指春、夏、秋、冬四季轮回。

⑮常生：经常性的生计活动。

⑯协：相同，相合。

译文

文王问太公说："圣人应遵循一些什么样的治国原则？"

太公说："无需担忧什么，也不必抑制什么，天下万物就能各得其所；
既不抑制什么，也不去忧虑什么，天下万物就会繁荣滋长。政令的推行，
要使百姓在不知不觉中受到感化，就如同时间那样，在不知不觉中向前推
移。圣人遵循这一原则，万事万物都会在无形之中发生变化，而且周而复
始，永无止境！

"这种悠闲自得、无为而治的政治，圣贤必须反复探求；探求到了，
就不能不珍藏在心中；既然将它珍藏于心，就不能不去贯彻实现；既然已
经贯彻实现，就不必将其中的奥妙明告世人。天地不宣告自己的规律，所
以才能促成万物生长；圣人不炫耀自己的英明，所以才能成就丰功伟业。

"古代的圣人，把人们聚集在一起组成家庭，把家庭聚集在一起组成
国家，把国家聚集在一起组成天下，分封贤人使之成为万国诸侯，这可以

称之为治理天下的纲纪。宣扬政治教化，顺应民俗民情，变邪僻为正直，移风易俗。各国的风俗尽管不同，但如能使百姓安居乐业，人人都尊敬爱戴他们的君主，这就叫做天下大定。唉！圣人致力于清静无为，贤君致力于端正身心。愚蠢的君主不能端正自己的身心，因而会和他人去争夺。君王热衷于争权夺利就会导致刑罚繁多，刑罚繁多就会导致百姓心生恐惧，百姓心怀忧惧就会流浪逃亡。上至一国之君，下至平民百姓，都无法安身立命，以至社会长期动荡不安，这就叫做政治大失。

天下人心的向背就如同流水，阻塞它就会停止，开启它就会流动，保持静止状态时它就很清澈。唉！真是太神奇了！圣人知道了它从哪里开始，就能推断出它在哪里终止。"

文王问："想使天下清静，该怎么办呢？"

太公说："自然界有四季轮回，老百姓也有固定不变的生计活动。君主若能与百姓共安生业，那么天下就会平安无事。所以说最好的政治是顺应民心进行治理，其次是教育感化进行治理。百姓受到了感化就会服从命令。因此，天道无为而能使万物生长，百姓无需施舍就能丰衣足食，这就是圣人的德治。"

文王说："您所说的和我所想的完全吻合，我将朝思夕念，时刻不忘，把它作为治理天下的根本原则。"

文伐第十五①

🌥 原文

文王问太公曰："文伐之法奈何？"

太公曰："凡文伐有十二节：

"一曰，因其所喜，以顺其志，彼将生骄，必有（好）〔奸〕事，苟能因之，必能去之。

"二曰，亲其所爱，以分其威。一人两心，其中必衰。廷无忠臣，社稷必危。

"三曰，阴赂左右，得情甚深，身内情外②，国将生害。

"四曰，辅其淫乐，以广其志。厚赂珠玉，娱以美人。卑辞委听③，顺命而合④。彼将不争，奸节乃定⑤。

"五曰，严其忠臣，而薄其赂。稽留其使，勿听其事。亟为置代。遗以诚事，亲而信之。其君将复合。苟能严之，国乃可谋。

"六曰，收其内，间其外，才臣外相，敌国内侵，国鲜不亡。

"七曰，欲锢其心，必厚赂之；收其左右忠爱，阴示以利，令之轻业，而蓄积空虚。

"八曰，赂以重宝，因与之谋；谋而利之，利之必信，是谓重亲。重亲之积，必为我用。有国而外，其地大败。

"九曰，尊之以名，无难其身；示以大势，从之必信；致其大尊，先为之荣，微饰圣人，国乃大偷⑥。

"十曰，下之必信，以得其情；承意应事，如与同生；既以得之，乃微收之；时及将至，若天丧之。

"十一曰，塞之以道。人臣无不重贵与富，恶危与咎⑦。阴示大尊，而微输重宝，收其豪杰。内积甚厚，而外为乏。阴纳智士，使图其计；纳勇士，使高其气。富贵甚足，而常有繁滋。徒党已具，是谓塞之。有国而塞，安能有国？

"十二曰，养⑧其乱臣以迷之，进美女淫声以惑之，遗良犬马以劳之，时与大势以诱之，上察而与天下图之。

"十二节备，乃成武事。所谓上察天，下察地，征已见，乃伐之。"

注释

①文伐第十五："文伐"指用政治、外交等非军事手段来打击敌人。本文分别列举了十二种"文伐"的方法，都是运用权谋诡诈之计，来扩大敌人内部的矛盾，分化、瓦解和削弱敌人，从而为最终用军事手段消灭敌人创造条件，奠定基础。

②身内情外：身处此方而内心却向着对方。

③卑辞委听：低声下气，曲意听从。

④顺命而合：指顺从敌人的心意。

⑤奸节乃定：指邪恶行为一定会发展下去。

⑥国乃大偷：国事就会懈怠以致废弛。偷：苟且偷安。

⑦咎：灾祸、罪责。

⑧养：培养扶植。

译文

文王问太公说："想运用文伐的方法打击敌人，应该怎么办？"

太公说："大凡文伐，不外乎以下十二种方法：

"第一，根据敌人的喜好，来顺从满足他的愿望，那么他就会滋生骄傲情绪，肯定会去做邪恶的事情。如果能够利用他的这个弱点，就一定能够将他铲除掉。

"第二，亲近拉拢敌国君主的近臣，以分化削弱敌人的威力。敌国近臣一旦怀有二心，就再也不会忠心耿耿。朝廷失去了忠臣，国家必定面临危亡。

"第三，偷偷地去贿赂敌国君王的近侍近臣，跟他们建立深厚的交情。这些人身居国内而心向国外，敌国必将发生灾祸。

"第四，助长敌国君主的放纵享乐，以增强其荒淫欲望，用大量的珠宝去贿赂他，送美女以供他淫乐。言辞谦卑，曲意听从，遵循他的命令，迎合他的心意。他将放松警惕，继续放纵自己的邪恶行为。

"第五，故意对敌国的忠臣表示敬畏，只送给他一些微薄的礼物。当他出使我国时，故意加以拖延，不要马上予以答复，极力促使敌国君主改派使者。然后再诚心解决使臣前来所要交涉的问题，向他表示亲近以博取他的信任。这样，敌国君主就会弥合与我国的关系了。这样以不同态度来对待敌国的忠臣和奸佞，就能够离间敌国君臣之间的关系，从而可以谋取敌国了。

"第六，收买敌国朝廷内的大臣，离间敌国朝廷外的大臣，使那些有才干的大臣心向国外，造成敌国内部互相倾轧，这样敌国就很少有不灭亡的。

"第七，想使敌国君主对我深信不疑，就必须用许多贵重的礼物去贿赂他；同时收买他左右亲近大臣，暗中给他们种种好处，使他们忽视生产，造成财粮匮乏，国库空虚。

"第八，用贵重的金银财宝贿赂敌国君主，然后乘机与他同谋他国，这种图谋对他是有利的。他得到利益后，必定会信任我们，这就密切了敌我两国的关系。这种密切关系的日益加强，必将导致敌国被我所利用。他自己有国反而被敌国所利用，这样的国家最终会遭到惨败。

"第九，用显赫的名号尊崇他，不要使他身陷困境，给他以权倾天下的感觉，服从他的意志以博取他的信任。把他抬到至高无上的地位，先夸耀他功绩举世无双，再恭维他的德行可与圣人相提并论。这样，他必定妄自尊大，再也无心于国家的治理，国事就慢慢地荒废了。

"第十，对敌国君主表示卑微屈从，就一定能得到他的信任，从而了解他的真实情感。秉承他的意愿，满足他的要求，和他就像一母所生一样亲密无间。获取他的信任之后，就可以微妙地加以利用。一旦时机成熟，就可以有如神助般将它轻而易举地消灭掉。

"第十一，要想尽办法使敌国君主耳目闭塞。凡为臣民，没有不羡慕权势与财富，厌恶危险和灾祸的。暗中许诺他以高官厚禄，秘密赠送给他金银珠宝，就可以收买敌国的英雄豪杰。自己国内积蓄充实，但外表却装作贫乏。暗中吸纳敌国的谋士，使他与自己图谋大计；秘密结交敌国的勇士，借此鼓舞我军的士气。要尽可能地满足他们贪图富贵的欲望，并不断地使之滋长蔓延。这样，他们就会成为我们的同党，这就叫做闭塞敌国君主的视听。敌国国君虽统治着国家，但却耳目闭塞，这种统治如何才能维持长久？

"第十二，培植扶持敌国作乱的臣子，以迷乱其君主的心智，进献美女淫乐，以迷惑其君主的意志，赠送良犬骏马，以疲乏其君主的身体；经常地报喜不报忧，以使他沾沾自喜。然后观察有利的时机，与天下人共谋夺取他的国家。

"在恰当运用了以上十二种文伐方法后，就可以进一步采取军事行动了。这就是所谓的上察天时，下观地利，有利的征兆一旦出现，就可以兴师讨伐敌国了。"

顺启第十六①

 原文

文王问太公曰："何如而可为天下？"

太公曰："大②盖天下，然后能容天下；信盖天下，然后能约天下；仁盖天下，然后能怀③天下；恩盖天下，然后能保天下；权盖天下，然后能不失天下；事而不疑，则天运不能移，时变不能迁④。此六者备，然后可以为天下政。

"故利天下者，天下启⑤之；害天下者，天下闭⑥之；生天下者，天下德⑦之；杀天下者，天下贼⑧之；彻天下者，天下通之；穷天下者，天下仇之；安天下者，天下恃⑨之；危天下者，天下灾之。天下者非一人之天下，唯有道者处之。"

注释

①顺启第十六：本文主要论述了治国之道。首先指明君主应该具备大、信、仁、恩、权和事而不疑这六方面的素质和能力，这是治国的前提，接着阐明君主只有使百姓获得利、生、彻、安，远离害、杀、穷、危，国家才能长治久安。

②大：器量、度量。

③怀：赢得，归附。

④迁：迁移，引申为变更、变动。

⑤启：开，比喻敞开心扉，以示欢迎。

⑥闭：关，比喻关闭心扉，以示拒绝，反对。

⑦德：因沐浴恩德而感激。

⑧贼：因残暴不堪而仇恨。

⑨恃：以之为恃，将他视作依靠。

译文

文王问太公说："如何才能治理好天下呢？"

太公回答说："器量要盖过天下，然后才能包容天下；诚信要盖过天下，然后才能约束天下；仁爱要盖过天下，然后才能赢得天下；恩惠要盖过天下，然后才能保全天下；权势要盖过天下，然后才能不失掉天下；遇事果断毫不迟疑，就如同日月星辰的运行那样不可改变，如同春夏秋冬的更叠那样不可变动。这六点都具备了，然后就可以治理天下了。

"所以为天下人谋取利益的，天下人就欢迎他；为天下人招致灾祸的，天下人就反对他；使天下人得以生存的，天下人就感激他的恩情；使天下人无法生存的，天下人就痛恨他的残暴；顺应天下人的意愿的，天下人就拥护他；使天下人陷入穷困的，天下人就憎恨他；使天下人得到安定的，天下人就把他当作依靠；使天下人陷入危难的，天下人就把他视为灾星。天下并不是哪一个人的天下，只有深谙治国之道的人才能担负起一国之君的重任。"

三疑第十七①

原文

武王问太公曰："予欲立功，有三疑：恐力不能攻强、离亲②、散众③，为之奈何？"

太公曰："因之，慎谋，用财。夫攻强，必养④之使强，益⑤之使张⑥。太强必折，太张必缺。攻强以强，离亲以亲，散众以众。

"凡谋之道，周密为宝。设之以事，玩之以利，争心必起。

"欲离其亲，因其所爱，与其宠人，与之所欲，示之所利，因以疏之，无使得志。彼贪利甚喜，遗疑乃止。

"凡攻之道，必先塞其明，而后攻其强，毁其大，除民之害。淫之以色，啖之以利，养之以味，娱之以乐。

"既离其亲，必使远民，勿使知谋，扶而纳之⑦，莫觉其意，然后可成。

"惠施于民，必无爱财。民如牛马，数馈食之⑧，从而爱之。

"心以启智，智以启财，财以启众，众以启贤，贤之有启，以王⑨天下。"

注释

①三疑第十七：本篇主要论述了统一天下的三项策略及其实施方法。因之就是因势利导，助长敌人气焰，使之不攻自破；慎谋就是周密谋划，来离间敌国君臣的关系；用财就是不吝惜财物，来收买敌国臣民。这样就能达到建功立业、统一天下的目的。

②离亲：指离间敌国君主的亲信。

③散众：指分化瓦解敌国的军队。

④养：纵容。

⑤益：放任。

⑥张：狂妄自大。

⑦扶而纳之：引诱敌人进入我方圈套。

⑧馁：喂养、饲养。

⑨王：称王，统治天下。

译文

武王问太公说："我想建立功勋，但有三点疑虑：担心自己的力量不足以进攻强敌，担心无法离间敌国君主的亲信，担心不能分化瓦解敌国的军队。请问应该怎么办呢？"

太公回答说："处理这种情况，应该因势利导、周密谋划和使用钱财。进攻强敌，一定要先纵容他，使他恃强蛮横；放任他，使他狂妄自大。过于蛮横，一定会遭受挫折；过于狂妄，一定会导致失误。要进攻强大的敌人，必先助长他的强暴，要离间敌君的亲信，必先收买他的心腹，要瓦解敌国的军队，必先争取敌国的民心。

"凡是运用计谋，以周密最为重要。许诺给敌人一些好处，给予敌人一些利益，敌军内部必定会你争我夺。

"想要离间敌国君臣的关系，就应该根据君主近臣的喜好，给予他们一些好处，送给他们想得到的东西，许给他们丰厚的回报，以此来疏远他们和君主的关系，使他们不能够施展出自己的才华。他们因为得到种种好处而非常高兴，就不会对我们的图谋产生任何怀疑了。

"凡是进攻强敌，首先必须蒙蔽敌国君主的视听，然后再进攻他强大的军队，摧毁他庞大的国家，以为民众扫除祸害。而闭塞敌君耳目的方法是：用美色腐蚀他，用厚利引诱他，用美食娇养他，用淫乐迷乱他。

"既要离间他的亲信，还须使他疏远自己的民众，不要让他识破了我们的计谋，要用种种手段引诱敌君入我方的圈套，让他无法觉察我们的意图，这样我们就能够成就大事了。

"要将恩惠施舍给广大民众，一定不要吝惜财物。民众就如同牛马，你经常喂养他们，他们就会拥护爱戴你。

"心灵可以产生智慧，智慧可以产生财富，财富可以养育民众，民众中可以涌现贤才，在贤才的辅佐之下，君主就可以统治天下了。

卷三　龙韬

王翼第十八①

原文

武王问太公曰：　"王者帅师，必有股肱羽翼②，以成威神，为之奈何？"

太公曰："凡举兵帅师，以将为命。命在通达，不守一术。因能受职，各取所长，随时变化，以为纲纪。故将有股肱羽翼七十二人，以应天道。备数如法，审知命理，殊能异技，万事毕矣。"

武王曰："请问其目？"

太公曰："腹心一人。主潜谋应卒，揆③天下消变④，总揽计谋，保全民命。

"谋士五人。主图安危，虑未萌，论行能，明赏罚，授官位，决嫌疑，定可否。

"天文三人。主司星历，候风气，推时日，考符验⑤，校灾异，如（人）〔天〕心去就之机。

"地利三人。主三军行止形势，利害消息，远近险易，水涸山阻，不失地利。

"兵法九人。主讲论异同，行事成败，简练兵器，刺举非法。

"通粮四人。主度饮食，〔备〕蓄积，通粮道，致五谷，令三军不困乏。

"奋威四人。主择材力，论兵革，风驰电掣，不知所由。

"伏鼓旗三人。主伏鼓旗，明耳目，诡符节，谬号令，闇忽⑥往来，出入若神。

"股肱四人。主任重持难，修沟堑，治壁垒，以备守御。

"通材三人。主拾遗补过,应偶宾客,论议谈语,消患解结。

"权士三人。主行奇谲⑦,设殊异,非人所识,行无穷之变。

"耳目七人。主往来听言视变,览四方之事,军中之情。

"爪牙五人。主扬威武,激励三军,使冒难攻锐,无所疑虑。

"羽翼四人。主扬名誉,震远方,摇动四境,以弱敌心。

"游士八人。主伺奸候变,开阖⑧人情,观敌之意,以为间谍。

"术士二人。主为谲诈,依托鬼神,以惑众心。

"方士二人。主百药,以治金疮,以痊万病。

"法算二人。主计会三军营壁、粮食、财用出入。"

注释

①王翼第十八:本篇论述了将帅的辅佐人员的构成。首先阐明"王者帅师,必有股肱羽翼,以成威神"。接着指出军队选拔辅助人员的方法:"因能授职,各取所长。"最后详细列举了辅助人员的构成及分工情况。

②股肱:比喻帝王左右辅助得力的臣子。羽翼:翅膀,比喻辅佐的人。

③揆:测度。

④变:灾祸。

⑤符验:指天降的祥端与人事符合灵验。

⑥阍忽:忽来忽往,模糊不清。

⑦奇谲:诡诈。

⑧开阖:或张或闭,这里指控制、操纵。

译文

武王问太公说:"君主统率军队,一定要有得力的辅佐之人,以造成威严的气势,要做到这一点该怎么办呢?"

太公回答说:"凡是举兵兴师,军队的命运都系于将帅一身。将帅要掌握好全军的命运,关键是通晓各方面的情况,而无需专精于某项技术。所以,用人应该根据其才能授给官职,发挥各人的特长,随着时机的变化而变化,并使之成为一项制度。因此将帅要有得力的辅佐七十二人,以便顺应天道。按照这种方法配备助手,就是明白了做将帅的道理。只要发挥各种人才特殊的才能，运用他们奇特的技巧，做任何事情都能手到擒来，大功告成"。

武王问："请问它的具体内容是怎样的?"

太公说："腹心一人。主要负责密谋策划，应对突发事件，测度天象，消除灾异，总体上掌管军政大计，保全百姓的生命；

"谋士五人。主要负责谋划安危大事，考虑形势的发展变化，评定将士的品行才能，申明赏罚制度，授予各种官职，决断疑难问题，裁定事情可否；

"天文三人。主管星象历数，观测风向及时气的变化，推算时日吉凶，考查吉祥瑞兆，核验灾异现象，从而掌握人心向背的规律；

"地利三人。主要负责明察军队行军、驻扎的地形地势，分析其利弊得失的消长情况，考察距离的远近，地形的险易，提供江河水情和山势险阻等情况，以确保军队作战占据有利地形；

"兵法九人。主要负责探讨敌我形势的异同，分析作战胜负的原因，选择适合不同条件下作战的兵器，刺探举发各种违法行为；

"通粮四人。主要负责筹划给养，筹备储存，确保粮道畅通，征集军需粮秣，使军队作战时供给充足；

"奋威四人。主要负责选拔有才能的勇士，选用各种探讨武器装备，以保证军队能够风驰电掣般行动，出其不意地打击敌人。

"伏鼓旗三人。主管战鼓和军旗，明确视听信号，制造假符节，发布假命令以迷惑敌人，忽来忽往，神出鬼没；

"股肱四人。主要任务是担负重要的使命，掌管艰巨的工作，修造沟堑，构筑壁垒，做好防守抵抗的充分准备；

"通材三人。主要负责完善将帅的不足，弥补将帅的过失，接待宾客，发表议论，讨论问题，以消除祸患，排解纠纷；

"权士三人。主要负责实施奇谋诡计，设置绝术异技，让敌人不能识破其奥秘，而能进行无穷无尽的变化。

"耳目七人。主要任务是通过与外界交往，听风声，观动静，查明天下形势，了解敌军情况；

"爪牙五人。主要负责弘扬军威，激励三军斗志，使他们敢于冒险犯难，攻坚破锐，而没有什么怀疑和担忧；

"羽翼四人。主要负责宣扬将帅的威名声誉，以震慑远方，动摇邻国，从而削弱敌人的斗志。

"游士八人。主要负责探察敌方的奸佞，侦察敌方的变乱，操纵敌国的民心，观察敌人的意图，进行间谍活动。

"术士二人。主要负责使用诡诈，借助鬼神，来迷惑敌人军心。

"方士二人。主要负责掌管各种药物，治疗兵器创伤，医治各种疾病。

"法算二人。主要负责计算军队营垒、粮食和财用的收支情况。"

论将第十九①

 原文

武王问太公曰："论将之道奈何？"

太公曰："将有五材②、十过③。"

武王曰："敢问其目④？"

太公曰："所谓五材者，勇、智、仁、信、忠也。勇则不可犯，智则不可乱，仁则爱人，信则不欺，忠则无二心。

"所谓十过者，有勇而轻⑤死者，有急而心速者，有贪而好利者，有仁而不忍⑥人者，有智而心怯者，有信而喜信人者，有廉洁而不爱人者，有智而心缓者，有刚毅而自用者⑦，有懦而喜任⑧人者。

"勇而轻死者可暴也，急而心速者可久也，贪而好利者可遗也⑨，仁而不忍人者可劳也⑩，智而心怯者可窘也⑪，信而喜信人者可诳也，廉洁而不爱人者可侮也，智而心缓者可袭也⑫，刚毅而自用者可事也⑬，懦而喜任人者可欺也。

"故兵者，国之大事，存亡之道，命在于将。将者，国之辅，先王之所重也，故置将不可不察。故曰：兵不两胜，亦不两败。兵出逾境，期不十日，不有亡国，必有破军杀将。"

武王曰："善哉！"

注释

①论将第十九：本文主要论述了评论将帅的原则。首先阐述了将帅应

该具备的五种美德及其理由，接着阐述了将帅应该避免的十种缺点及其原因，最后指出将帅的好坏直接关系到战争的成败、国家的安危，必须慎重考察。

②材：通"才"，才能，美德。

③过：错误，缺点。

④目：条目，细则，具体内容。

⑤轻：轻易，随便。

⑥不忍：不忍心伤害别人。这里指对军中各种违法乱纪的行为不加制裁，而一味听之任之，不讲原则。

⑦自用：刚愎自用，倔强固执，不接受别人的意见。

⑧任：听凭。

⑨遗：赠送，给予。

⑩劳：疲劳，劳累。

⑪窘：处境困迫，无计可施。

⑫袭：乘人不备而进攻。

⑬事：算计。

译文

武王问太公说："评论将帅的原则是什么？"

太公说："将帅应该具备五种美德，避免十种缺点。"

武王问："请问它的具体内容是什么？"

太公说："所谓五种美德，是指勇敢、明智、仁慈、诚信和忠贞。勇敢就不会被侵犯，明智就不会被扰敌，仁慈就会爱护士卒，诚信就不会欺骗他人，忠贞就不会产生二心。

"所谓十种缺点是指，勇敢而轻易赴死，急躁而不够沉稳，贪婪而喜好私利，宽厚而不讲原则，聪明而内心胆怯，诚信而喜欢轻信别人，廉正却对部下不够仁爱，有谋略却行动迟缓犹豫不决，坚强而刚愎自用，软弱而喜欢听凭他人摆布。

"勇敢而轻易赴死的，可以用激将法激怒他；急躁而沉不住气的，可以用持久战拖垮他；贪婪而喜好私利的，可以送东西去贿赂他；宽厚而不讲原则的，可以骚扰他，使他感到疲劳；聪明而心中胆怯的，可以威逼他，让他无计可施；诚信而喜欢轻信别人的，可以欺骗他；廉洁而不善待部下的，可以侮辱他；爱动脑筋却优柔寡断的，可以乘其不备向他发起进攻；坚强而刚愎自用的，可以算计他；软弱而喜欢听凭他人摆布的，可以欺负他。

"所以说战争，是国家的大事，一个国家是生存还是被毁灭，它的命运都掌握在将帅的手中。将帅，是国家的辅佐，为历代君王所重视，因此选拔任命将帅务必要认真考察。所以说：打仗没有双方都取得胜利的，也没有双方都遭到失败的。只要军队越出了国境，不出十天时间，不是一方被打败遭致国家灭亡，就一定是另一方军队被攻克将帅遭杀戮。"

武王说："说得对啊！"

选将第二十①

原文

武王问太公曰："王者举兵，欲简练②英雄③，知士之高下，为之奈何？"

太公曰："夫士外貌不与中情④相应者十五：有（严）〔贤〕而不肖⑤者，有温良而为盗者，有貌恭敬而心慢者，有外廉谨而内无至诚者，有精精⑥而无情者，有湛湛⑦而无诚者，有好谋而不决者，有如果敢而不能者，有悾悾⑧而不信者，有恍恍惚惚⑨而反忠实者，有诡激⑩而有功效者，有外勇而内怯者，有肃肃而反易人者⑪，有嗃嗃⑫而反静悫⑬者，有势虚形劣而外出无所不至、无所不遂者。天下所贱，圣人所贵，凡人莫知，非有大明不见其际，此士之外貌不与中情相应者也。"

武王曰："何以知之？"

太公曰："知之有八征⑭：一曰问之以言以观其辞，二曰穷之以辞以观其变，三曰与之间（谋）〔谍〕以观其诚，四曰明白显问以观其德，五曰使之以财以观其廉，六曰试之以色以观其贞，七曰告之以难以观其勇，八曰醉之以酒以观其态。八征皆备，则贤、不肖别矣。"

注释

①选将第二十：本篇论述了选拔将帅的有关问题。前半部分列举了外

表与内心不相符合的十五种情况，提醒君王不能以貌取人；后半部分具体阐述了考核人才的八种方法，意即只能通过实践辨别一个人是否贤良。

②简练：选择训练。

③英雄：指才能出众或勇武过人的人。

④中情：内情，内心。

⑤不肖：不贤。

⑥精精：非常精明，精明强干。

⑦湛湛：忠厚老实。

⑧悾悾：诚恳真挚。

⑨恍恍惚惚：模模糊糊，不易捉摸；隐隐约约，不可辨认。

⑩诡激：矫情立异。

⑪肃肃：严肃庄重。

⑫嗃嗃：严厉，冷酷。

⑬悫：诚笃忠厚。

⑭征：途径，方法。

译文

武王问太公说："国君发动战争，要选拔训练一批才能出众、勇武过人的人充当将帅，那么采用什么办法才能够知道这些人品德能力的高低呢？"

太公说："士的外表与他的内心不相符合的情况有下面十五种：有的表面看起来品德才能都不错而实际上却并非如此，有的貌似温和善良却在干着偷窃劫掠之事，有的外表谦恭有礼而内心实则傲慢无礼，有的外表廉洁不贪谨小慎微却并非出自真心实意，有的外表看起来精明强干其实并没有什么真才实学，有的外表忠厚老实内心却并不诚实，有的外表看上去足智多谋其实内心却是犹豫不决当断不断，有的外表好似坚决其实却没有什么才干难成大器，有的貌似诚恳真挚其实内心却是不守信用，有的外表动摇不定难以捉摸内心反而是忠心耿耿值得信赖，有的言行矫情怪异办起事来却有成效，有的外表勇敢而内心胆怯，有的外表严肃庄重而实际上却平易近人，有的外表严厉冷酷内心反而温和忠厚，有的外表虚弱、形貌丑陋但却能受命出使无所不至，办事无所不能。天下人轻视的东西，却常常为圣人所推崇，一般人无法知晓其中的原因，除非是那些见解高明的人才能搞清两者的界限，士的外表与他的内心不相一致的地方正在于此。"

武王问："通过什么办法才能真正了解他们呢？"

太公说："了解他们有八种途径：一是向他询问问题看他如何应答；二是追问不止来看他的应变能力怎样；三是通过间谍来观察其是否忠心耿耿；四是明知故问来看他是否隐瞒，借以考察其德行；五是派他管理钱财看他是否廉洁不贪；六是用美色去试探看他是否意志坚定；七是向他告知一些危险困难的事情看他是否愿意承担，借以考察其是否勇敢；八是拿酒灌醉他，看他是否能够神态自若。八种方法都采用过之后，一个人贤明还是不贤明，就一目了然了。"

立将第二十一①

原文

武王问太公曰："立将之道奈何？"

太公曰："凡国有难，君避正殿，召将而诏之曰：'社稷安危，一在将军。今某国不臣②，愿将军帅师应之。'

"将既受命，乃命太史③卜，斋三日，至太庙，钻灵龟④，卜占日，以授斧钺⑤。君入庙门，西面而立；将入庙门，北面而立。君亲操钺持首，授将其柄曰：'从此上至天者，将军制之。'复操斧持柄，授将其刃曰：'从此下至渊者，将军制之。''见其虚则进，见其实则止，勿以三军为众而轻敌，勿以受命为重而必死，勿以身贵而贱人，勿以独见而违众，勿以辩说为必然。士未坐勿坐，士未食勿食，寒暑必同。如此，则士众必尽死力。'

"将已受命，拜⑥而报君曰：'臣闻国不可从外治，军不可从中御。二心⑦不可以事君，疑志⑧不可以应敌。臣既受命专斧钺之威，臣不敢生还。愿君亦垂一言之命于臣！君不许臣，臣不敢将。'

"君许之，乃辞而行。军中之事，不闻君命，皆由将出，临敌决战，无有二心。若此，则无天于上，无地于下，无敌于前，无君于后。是故智者为之谋，勇者为之斗，气厉青云，疾若驰骛，兵不接刃，而敌降服。战胜于外，功立于内，吏迁士赏，百姓欢说，将无咎殃。是故风雨时节，五谷丰熟，社稷安宁。"

武王曰："善哉！"

注释

①立将第二十一：本篇论述了君王任命将帅的仪式和方法以及将帅领兵打仗的注意事项。重点阐明了任命将帅的一个重要原则，就是要给予将帅充分的信任和作战指挥的权力，即"军中之事，不闻君命，皆由将出"；此外，将帅还应与士兵同甘共苦，讲究策略。这是取得战争胜利的重要保证。

②不臣：反叛。

③太史：古官名，负责记载史事，编写史书，兼管国家典籍、天文历法、祭祀等。

④钻灵龟：即占卜。在商周时每遇重大事情，总要求神问卜。其方法是用烧红的小铜棍炙烙龟甲或兽骨，观察骨甲的裂痕以决定吉凶。

⑤斧钺：古代的两种兵器，亦用作杀人的刑具。斧，斧头。钺，古代一种像斧子的兵器。

⑥拜：行敬礼。古时为下跪叩头及打恭作揖的通称。

⑦二心：异心，不忠心。

⑧疑志：心存疑虑。

译文

武王问太公说："立将帅的方法是怎样的？"

太公说："凡是国家遇到危急情况，国君就迁离正殿以避祸患，而是在偏殿上召见主将并向他颁发诏书：'国家的安危，全系于将军身上。现在某国反叛，请将军率领军队前往征讨。'

"主将接受命令之后，国君就下令太史占卜，斋戒三天，然后前往太庙，钻炙龟甲，通过占卜选择吉日，向主将授予斧钺。在吉日那天，国君进入太庙门，向西站立；主将也进入太庙门，向北站立。国君亲自拿着钺的上部，将钺柄交给主将并宣布：'从今以后，军队中上至于天的事情都全权交给将军您去处置。'然后又拿着斧子柄，将斧刃交给主将并宣布：

'从今以后，军队中下至于渊的事情也全权交给将军您去定夺。''看见敌人虚弱就前进，看见敌人强大就停止，不要因为我军人多势众而轻视敌人，不要只想着完成任务而不顾实际情况和敌人一味拼命，不要因为自己身份高贵而轻视别人，不要因为自己见解独到而一意孤行，违背了众人的意愿，不要因为自己能说会道就一切想当然，自以为是。士卒没有坐下，你不要先坐，士卒没有吃饭，你不要先吃，冷也好，热也好，都一定要和士卒共同承受。这样，那么士兵们必定会拼死作战。'

"主将接受命令后，向国君行敬礼并回答说：'臣听说国家大事不可以从外部来治理，领兵打仗不能够在朝廷中遥控指挥。怀有二心就不能够忠心耿耿侍奉国君，心怀疑虑就不可能专心致志地对付敌人。臣既然已经接受了君命来执掌军事大权，不完成任务臣不敢活着回来面见君王。希望君王您遵照上面所说让我全权统辖一切！您若不答应臣的请求，则臣不敢担此重任。'

"国君同意之后，主将就辞别国君率军出征，从此军中的一切事务，都不再听命于国君，而全部由主将来统一指挥，和敌人作战时，因没有外界的干扰而可以专心致志。像这样，主将率军出征，就可以上不受天时限制，下不受地形牵制，前没有敌人敢于阻挡，后没有君王横加干涉。因此，谋略之士都愿为他献计献策，勇武之人都肯替他效力拼杀。士气昂扬直冲云霄，动作迅捷如骏马奔驰，仗还未打敌人就已投降。在朝廷之外取得了战争的胜利，在朝廷之内建立了功勋，官员获得升迁，士卒得到奖赏，老百姓欢欣鼓舞，主将也不会因过失而受罚。因此风调雨顺，五谷丰登，国家安定。"

武王说："说得好啊！"

将威第二十二①

🌫 原文

武王问太公曰："将何以为威？何以为明？何以为禁止而令行？②"

太公曰："将以诛大③为威，以赏小④为明，以罚审为禁止而令行。故杀一人而三军震者⑤，杀之；赏一人而万人说者⑥，赏之，杀贵大⑦，赏贵小。杀及当路⑧贵重之臣，是刑上极也；赏及牛竖、马洗、厩养之徒，是赏下通也。刑上极，赏下通，是将威之所行也。"

注释

①将威第二十二：本篇论述了将帅树立威信的一个重要原则："刑上极，赏下通。"只要一视同仁，公正严明，就一定就做到令行禁止。

②禁止而令行：令行禁止，命令做的就立即执行，不准做的就马上停止。

③大：地位高贵的人。

④小：身份卑微的人。

⑤震：使动用法，使……震慑。

⑥说：通"悦"，使动用法，使……高兴。

⑦贵：意动用法，以……为重。

⑧当路：指身居显位，掌握大权。

译文

武王问太公说："将帅凭借什么来树立威信？凭借什么来体现贤明？凭借什么来做到命令做的手下就立即执行，不准做的手下就马上停止？"

太公回答说："将帅通过诛杀地位高的人来树立威信，通过奖赏地位低的人来体现贤明，通过赏罚分明来做到有禁必止，有令必行。因此，杀一人而能使全军为之震慑的，就杀掉他；赏一人而能使全军为之高兴的，就奖赏他。诛杀应当以诛杀那些地位高贵的人为重点，而奖赏则应当以奖赏那些地位低下的人为重点。诛杀的人里有身居显位执掌大权的臣子，说明刑罚触及到了最上层；奖赏的人中有放牛喂马的下人，说明奖赏施行到了最下层。刑罚到达了最高层，奖赏到达了最底层，这样将帅的威信自然也就得以树立了。"

励军第二十三①

原文

武王问太公曰："吾欲令三军之众，攻城争先登，野战争先赴，闻金声②而怒，闻鼓③声而喜，为之奈何?"

太公曰:"将有三胜。"

武王曰:"敢问其目?"

太公曰:"将，冬不服裘，夏不操扇，雨不张盖，名曰礼将;将不身服礼③，无以知士卒之寒暑。出隘塞⑤，犯泥途，将必先下步，名曰力将;将不身服力⑥，无以知士卒之劳苦。军皆定⑦次⑧，将乃就舍;炊者皆熟，将乃就食;军不举火，将亦不举，名曰止欲将;将不身服止欲⑨，无以知士卒之饥饱。将与士卒共寒暑、劳苦、饥饱，故三军之众，闻鼓声则喜，闻金声则怒。高城深池，矢石繁下，士争先登;白刃始合⑩，士争先赴。士非好死而乐伤也，为其将知寒暑、饥饱之审，而见劳苦之明也。"

注释

①励军第二十三:本篇主要讲述了激励全军、鼓舞士心的三种方法:"礼""力"和"止欲"。将帅只要能够以身作则，身体力行，和士卒同甘共苦，整个军队就会士气高涨，斗志昂扬，战争就会取得最后的胜利。

②金声:指锣声。金，金属制的一种兵器，发布命令时使用，鸣金而收兵。

③鼓:作战时发布命令的一种兵器，击鼓而进军。

④不身服礼:意为不以身作则。

⑤隘塞:险要的地方。

⑥不身服力:意为不身体力行。

⑦定:留止。

⑧次:住宿。

⑨止欲:指克制自己的欲望。

⑩白刃始合:指两军开始交锋。

译文

武王问太公说:"我想使三军将士，攻城时争着往上攀登，野战时争着冲锋陷阵，听到收兵的鸣金声就生气恼怒，听到进军的击鼓声就欢欣鼓舞，想要做到这个样子，该怎么办呢?"

太公说:"将帅有三种打败敌人取得胜利的方法。"

武王说："请问它的具体内容是怎样的？"

太公说："作为将帅，冬天不穿皮衣，夏天不拿扇子，雨天不撑伞篷，这样的将帅，称之为礼将；将帅如果不能以身作则，就没有办法懂得士卒的冷暖。途经险要的地方，通过泥泞的道路，将帅一定要从车马上下来步行，这样的将帅，称之为力将；将帅如果不身体力行，就没有办法了解士卒的辛劳。军队的驻扎宿营都安排妥当之后，将帅才回自己的住处去休息；士卒的饭菜都做熟之后，将帅自己才开始吃饭；军队没有举火照明，将帅自己也不举火照明，这样的将帅，称之为止欲将；将帅如果不能克制自己的欲望，就没有办法体会到士卒的饥饱。将帅如果能与士卒同甘共苦，那么全军将士听到击鼓声就欢欣鼓舞，听到鸣金声就生气恼怒。攻打防守牢固的城池时，敌人的弓箭和石头即使像大雨一样倾盆而下，士卒们也会争先恐后地往上登攀。敌我交战，短兵相接的时候，士卒们也会你争我赶地向前冲锋。士卒们并不是不怕死亡、喜欢伤痛，而是由于将帅关心他们的冷暖和饥饱，体恤他们的劳苦，因此他们心甘情愿地为将帅效力，即使牺牲也在所不辞。"

阴符第二十四①

原文

武王问太公曰："引兵深入诸侯之地，三军卒有缓急②，或利或害，吾将以近通远，从中应外，以给三军之用，为之奈何？"

太公曰："主与将有阴符，凡八等；有大胜克敌之符，长一尺；破军擒将之符，长九寸；降城得邑之符，长八寸；却③敌报远之符，长七寸；警④众坚守之符，长六寸；请粮益兵之符，长五寸；败军亡将之符，长四寸；失利亡士之符，长三寸。诸奉使行符，稽留者⑤，若符事泄，闻者、告者皆诛之。八符者，主将秘闻，所以阴通言语，不泄中外相知之术。敌虽圣智，莫之能识。"

武王曰："善哉！"

注释

①阴符第二十四：阴符是古代军中使用的一种秘密通信的方法，用作传达命令或征调兵将用的凭证，以金、玉、铜、竹、木制成，双方各执一半，合之以验真假。本文详细说明了八种阴符的尺寸及其所代表的意义，并强调了使用时应该注意的事项。

②缓急：困厄，情势急迫。

③却：退避，退却。

④警：告戒。

⑤稽留：停留，耽误。

译文

武王问太公说："率领军队深入到别国诸侯境内，军队突然遇到了紧急情况，有的对我军有利，有的对我军有害，我想从近路通知远方，从内部策应外援，以满足三年的需要，要做到这一步该怎么办呢？"

太公说："君王授予将帅阴符，这些阴符共有八个种类：有我军大获全胜、全歼敌人的阴符，长度为一尺；有打败敌军，抓获敌将的阴符，长度为九寸；有敌兵弃城投降，我军占领敌国的阴符，长度为八寸；有击退敌人，通报战况的阴符，长度为七寸；有告戒将士牢固防守的阴符，长度为六寸；有请求粮草援助、增加兵力的阴符，长度为五寸；有通报作战失利、主将阵亡情况的阴符，长度为四寸；有报告战斗失败，全军覆没消息的阴符，长度为三寸。所有奉命传递阴符的，如果耽误了时间，泄露了机密，听到的人和传告的人都要被处死刑。这八种阴符，只有君王和将帅知晓其中的秘密，是一种用来暗中传递消息，而不泄露朝廷和战场机密的通讯工具。敌人即使再聪明，也没有人能识破其中的奥秘。"

武王赞叹道："说得好啊！"

阴书第二十五①

原文

武王问太公曰："引兵深入诸侯之地，主将欲合兵②，行无穷之变，图不测之利，其事烦多，符不能明③，相去辽远，言语不通，为之奈何?"

太公曰："诸有阴事大虑，当用书，不用符。主以书遗将，将以书问主，书皆一合而再离，三发而一知。再离者，分书为三部；三发而一知者，言三人，人操一分，相参而不相知情也。此谓阴书，敌虽圣智，莫之能识。"

武王曰："善哉!"

注释

①阴书第二十五：阴书，古代通信中另一种保守秘密的方法，能比阴符传递更为复杂具体的消息。本篇主要论述了阴书的适用范围及其两种具体的使用方法。

②合兵：集结兵力。

③明：说明情况，即发挥作用。

译文

武王问太公说："率领军队深入到别国诸侯境内，君王和主将想要集结兵力，灵活机动地打击敌人，出其不意地战胜敌军，然而情况纷繁复杂，阴符也难以发挥它的作用，君王和主将相距又非常遥远，言语不通，碰到这样的情况该怎么办呢?"

太公说："各种密谋大计，都应当用阴书，而不用阴符。君王将阴书给予主将以传达他的指示，主将则用阴书向君王请示问题，这种阴书都是'一合而再离'，'三发而一知'。所谓'一合而再离'，就是把一封书信分为三个部分；所谓'三发而一知'，就是派三个人送信，每人各拿其中的一部分，必须相互参照否则就不能明了书信的内容，这就叫做阴书。敌人即使聪明异常，也不能识破我军的机密。'

武王夸赞道："说得好啊!"

军势第二十六①

原文

武王问太公曰："攻伐之道奈何?"

太公曰："（资）〔势〕因于敌家之动，变生于两陈之间，奇正②发于无穷之源。故至事不语，用兵不言。且事之至者，其言不足听也；兵之用者，其状不足见也倏③而往，忽而来，能独专④而不制者，兵也。夫兵闻则议，见则图，知则困，辨⑤则危。故善战者，不待张军⑥；善除患者，理于未生⑦；善胜敌者，胜于无形⑧；上战无与战。故争胜于白刃之前者，非良将也；设备于已失之后者，非上圣也；智与众同，非国师也⑨；技与众同，非国工也⑩。事莫大于必克，用莫大于玄默⑪，动莫神于不意，谋莫善于不识。夫先胜者，先见弱于敌，而后战者也，故事半而功倍焉⑫。

"圣人征⑬于天地之动，孰知其纪，循阴阳之道而从其候⑭当天地盈缩（sù）⑮因以为常；物有死生，因天地之形。故曰：未见形而战，虽众必败。

"善战者，居之不挠，见胜则起，不胜则止。故曰：无恐惧，无犹豫。用兵之害，犹豫最大；三军之灾，莫过狐疑⑯。善战者，见利不失，遇时不疑，失利后时，反受其殃。故智者从之而不释⑰，巧者一决而不犹豫，是以疾雷不及掩耳，迅电不及瞑目，赴之若惊，用之若狂，当之者破，近之者亡，孰能御之？

"夫将有所不言而守者神也，有所不见而视者明也。故知神明之道者，野无衡敌，对无立国。"

武王曰："善哉！"

注释

①军势第二十六：本篇主要论述了作战指挥的一些原则。特别强调指出了两点，一是"能独专而不制者"，即能因地制宜，灵活机动地制定作战计划，这样才能争取战争的主动权；二是"用兵之害，犹豫最大。三军之灾，莫过狐疑"。说明将帅在指挥作战时，决不能优柔寡断，当断不断，只有牢牢把握住稍纵即逝的战机，才能夺取战争的胜利。

②奇正：古时用兵，以对阵交锋为正，设计邀截袭击为奇。

③倏：疾速，忽然。

④专：单独掌握或占有。

⑤辨：辨别，明察。

⑥张军：布署兵务。张，陈、设、布署。

⑦理于未生：意为防患于未然。理，治理，处理。

⑧无形：意为不留痕迹。

⑨国师：辅佐皇帝的官职。

⑩国工：国中技艺高超的人。

⑪玄默：深沉静默。

⑫事半而功倍：意为费力小而收效大。

⑬征：征候。引申为观察，揣度。

⑭候：征兆。

⑮盈缩：同"赢缩"。伸长缩短，增减、进退，多指福祸成败，生死寿命等。

⑯狐疑：指遇事犹豫不决。

⑰不释：不放过，意即牢牢把握。

译文

武王问太公说："进攻作战的原则是什么？"

太公说："战争的态势取决于敌人的行动，战术的变化产生于两军的对垒，奇正的运用来源于将帅无穷的智谋。因此，最重要的机密不能泄露，用兵的谋略不可言传。况且，能够表现为言论，使人听到的机密就不是真正的机密；能够暴露在外界，让人看到的部署也不会是真正的部署。转眼间去，转眼间来，能够独自一人掌握而不受制于他人，这就是用兵的原则。敌人探听到军事机密，就会商议对策；发现了我军的行动，就会算计谋划；知道了我军企图，我军就会陷入困境；判明了我军的行动规律，我军就会遭遇危险。所以善于打仗的，不需要等到兵力部署完之后才知分晓；善于消除祸患的，能够防患于未然；善于击败敌人的，能够不露痕迹地取得胜利。最高明的作战就是不战而胜。所以，要和敌人拼死搏杀才能获得胜利的，算不上是优秀的将领；失守之后才想到要设防，这不是一个聪明人作为；智慧与一般人相同的，不能担任皇帝的辅佐；技艺与普通人相同的，不能称为一国的能工巧匠。军事上最重要的莫过于稳操胜券，用兵上最重要的莫过于严守机密，行动上最重要的莫过于出其不意，谋略上最高明的莫过于神妙莫测。那些未战先胜的，往往先在敌人面前露几个破绽，然后再进行决战，因而常常可以花费较小的力气而取得战争的胜利。

"圣人观察自然界的种种变化，反复探究其运动的规律，遵循阴阳消长的规律了解事物变化的征兆，根据自然界万物盛衰的原理以确立行动的规则。万物的生死，取决于天地的变化。所以说，还没有弄清战争的形势就轻率出击，即使人数众多也一定失败。

善于指挥打仗的人，按兵不动等待时机，不受外界的干扰，看到有胜利的可能就发动进攻，看不到成功的希望就驻足观察。所以说：不要恐惧害怕，不要犹豫不决。作战指挥的大忌就是犹豫不决，军队最可怕的灾难也莫过于犹豫不决。善于指挥作战的人，见到有利的战机决不放过，遇到有利的时势从不迟疑。否则，失掉了有利的形势，错过了有利的战机，自己反而会遭受祸患。所以，聪明的人抓住战机就牢牢把握，机智的人一旦下了决心就再不迟疑。因此打起仗来才能快如迅雷使人来不及掩住耳朵，快如闪电使人来不及闭上眼睛。前进时好像惊马飞奔，作战时好像狂风扫荡，凡是阻拦他的都被击败，凡是靠近他的都被消灭，谁能够抵挡得了像这样的一支队伍呢？

将帅，看似不动声色实则胸有成竹的叫做神，看似视而不见实则秋毫必察的叫做明。因此，掌握了神明的方法，天下就没有能够抗衡的敌人，也没有敢于作对的国家了。

武王说："说得好极了！"

奇兵第二十七①

原文

武王问太公曰："凡用兵之道，大要何如？"

太公曰："古之善战者，非能战于天上，非能战于地下，其成与败，皆由神势②，得之者昌，失之者亡。夫两陈之间，出甲陈兵，纵卒乱行者，所以为变也③；深草蓊翳者④，所以逃遁也；溪谷险阻者，所以止车御骑也；隘⑤塞山林者，所以少击众也；坳泽窈冥者⑥，所以匿其形也；清明⑦无隐者，所以战勇力也；疾如流矢，如发机者⑧，所以破精微也⑨；诡伏设奇，远张诳诱者，所以破军擒将也；四分五裂者⑩，所以击圆破方也；（困）〔因〕其惊骇者，所以一击十也；因其劳倦暮舍者，所以十击百也；

奇伎⑪者，所以越深水渡江河也；强弩长兵者，所以逾水战也；长关远候⑫，暴疾谬遁者⑬，所以降城服邑也；鼓行喧嚣者，所以行奇谋也；大风甚雨者，所以搏前擒后也；伪称敌使者，所以绝粮道也；谬号令与敌同服者，所以备走北也⑭；战必以义者，所以励众胜敌也；尊爵重赏者，所以劝用命也；严刑重罚者，所以进罢怠也；一喜一怒、一与一夺、一文一武、一徐一疾者，所以调和⑮三军、制一臣下也；处高敞者，所以警守也；保险阻者，所以为固也；山林茂秽者⑯，所以默往来也；深沟高垒，粮多者，所以持久也。

"故曰：不知战攻之策，不可以语敌；不能分移⑰，不可以语奇；不通治乱⑱，不可以语变。故曰：将不仁，则三军不亲；将不勇，则三军不锐；将不智，则三军大疑；将不明，则三军大倾；将不精微，则三军失其机；将不常戒，则三军失其备；将不强力，则三军失其职。故将者人之司命，三军与之俱治，与之俱乱；得贤将者，兵强国昌；不得贤将者，兵弱国亡。"

武王曰："善哉！"

注释

①奇兵第二十七：所谓"奇兵"，是指挥作战时所应把握的一项基本原则，即灵活机动，随机应变，出奇制胜。本篇详细列举了出奇制胜的二十六种方法，并强调出奇制胜的关键还在于将帅，将帅只有具备了仁、勇、智、明、精微、常戒、强力七种素质，才能"兵强国盛"。

②神势：神奇莫测、异乎寻常的态势。

③变：迷惑敌人。

④蓊（wěng）：茂盛貌。翳（yì）遮蔽。

⑤隘：狭隘，窄小、险要。

⑥坳（ào）泽：低洼潮湿的地方。窈冥（yǎo míng）：幽暗。

⑦清明：清澈明朗。

⑧发机：拨动弩牙。机，古代弩箭上的发动机关。

⑨精微：精细周密。

⑩四分五裂：分散不完整。

⑪伎：同"技"，技巧，技艺。

⑫长关远候：意为在远方设立关卡，派出侦察。候，伺望、侦察。

⑬暴疾谬遁：意为行动迅猛、进退诡作。

⑭北：败。

⑮调和：和合，融洽，意为上下一致，齐心协力。

⑯秽：田中多草、荒芜。

⑰分移：灵活机动地使用兵力。

⑱治：治理得好。

译文

武王问太公说："一切用兵的法则，其要领是什么？"

太公说："古代善于指挥作战的人，并不是可以上天入地，无所不能，他的成功与失败，全部在于神奇莫测、异乎寻常的态势，得到这种态势的就会取胜，失去这种态势的就会失败。两军对阵的时候，脱下铠甲放下武器，任由士兵毫无秩序地行进，其目的是为了迷惑敌人；草木茂盛的地方，可以用作撤退躲避；溪流湍急河谷险要的地方，可以用来阻碍敌人的战车抵挡敌人的骑兵；险要的关塞和山林，可以用来以少击众；低洼潮湿幽暗的地方，可以用来藏匿军队的行踪；清澈明朗无遮无拦的地方，可以用来和敌人比勇斗力；动作快如离弦之箭，猛如拨动弩牙，其目的是为了粉碎敌人精细周密的安排；巧妙埋伏，设置奇兵，虚张声势，诱骗敌人，其目的是为了打败敌军抓获敌将；战场分散，从四面八方发起攻势，这是为了打破敌人的圆阵和方阵；趁着敌人惊慌害怕时发动进攻，可以达到以一击十的目的；趁着敌人疲劳倦怠夜晚宿营时发起攻势，可以达到以十击百的目的；使用奇特的技巧，可以用来跨越深水飞渡江河；使用强弩和长兵器，可以满足越水作战的需要；在远方设立关卡，派士兵出去侦察，行动迅猛，不拘常法，目的是为了使敌军投降称臣占领敌方的城邑；大张声势地进军，吵吵嚷嚷地前进，是为了施行奇妙的计策；大风暴雨的天气，可以用来攻前袭后向敌人展开多方位的进攻；假扮敌人使者潜入敌区，目的是为了切断敌军粮道；错传敌人的号令，和敌人穿同样的衣服，是为了打败仗撤退时作准备；作战之前一定要使官兵明确战斗的意义，这可以激励士气战胜敌人；加封爵位，加重赏赐，目的是为了鼓励官兵舍身杀敌；实施严厉的刑罚，加重惩处，目的是为了使官兵消除懈怠奋勇前进；有喜有怒、有与有夺、有文有武、有慢有快，这样做的目的是为了使全军齐心协力、使属下统一行动；地处高大开阔的地方，便于加强警戒与防守；占据地势险要的地方，便于加固自己的防卫；茂密荒野的深山老林，可以用来掩护我军的行动；壕沟深壁垒高粮草充足的地方，可以用来和敌人打持久战。

因而说：不懂得攻战的策略，就谈不上对敌作战；不会灵活机动地调遣兵力，就谈不上出奇制胜；不明白军队治理得好与坏的关系，就谈不上随机应变。所以说：将帅不仁慈，那么士兵就不会亲近他；将帅不勇敢，那么军队就没有了锐气；将帅不聪明，那么士兵就会疑心重重；将帅不精明，军队就会惨遭失败；将帅考虑问题不够精细周密，军队就会错失良机；将帅一时疏忽，那么军队就会疏于防备；帅将不够强大有力，那么手下就会玩忽职守。所以将帅是军队的主宰，军队或者与他一道治理严整，或者和他一起治理混乱；得到好的将领，就会军队强大国家昌盛；得不到好的将领，就会军队衰弱国家灭亡。"

武王说："说得好啊！"

五音第二十八①

原文

武王问太公曰："律音②之声，可以知三军之消息③，胜负之决乎？"

太公曰："深哉！王之问也。夫律管④十二，其要有五音——宫、商、角、徵、羽，此其正声也，万代不易。五行⑤之神，道之常也。可以知敌。金、木、水、火、土，各以其胜攻之。

"古者三皇之世，虚无⑥之情以制刚强。无有文字，皆由五行。五行之道，天地自然。六甲⑦之分，微妙之神。其法：以天清静，无阴云风雨，夜半，遣轻骑往至敌人之垒，去九百步外，遍持律管当耳，大呼惊之。有声应管，其来甚微。角声应管，当以白虎⑧；徵声应管，当以玄武⑨；商声应管，当以朱雀⑩；羽声应管，当以勾陈⑪；五管声尽不应者，宫也，当以青龙⑫。此五行之符，佐胜之征，成败之机。"

武王曰："善哉！"

太公曰："微妙之音，皆有外候。"

武王曰："何以知之？"

太公曰："敌人惊动则听之。闻枹鼓之音者，角也；见火光者，徵也；闻金铁矛戟之音者，商也；闻人啸呼之音者，羽也；寂寞无闻者，宫也。此五者，声色之符也。"

注释

①五音第二十八：五音，指古代的五个音阶：宫、商、角、徵、羽。阴阳五行家以五音配五行，宫属土，商属金，角属木，徵属火，羽属水。本篇主要介绍了一些根据五音和五行相配来判断敌情、用兵布阵的方式方法。

②律音：指六律、五音。

③消息：生灭、盛衰。消，消减。息，增长。

④律管：用竹管或金属管做成的定音的仪器。

⑤五行：指水、火、木、金、土五种构成物质的基本元素，它们相生相克。"相生"意味着相互促进，如木生火，火生土，土生金，金生水，水生木等。"相克"意味着互相排斥，如水胜火，火胜金，金胜木，木胜土，土胜水等。

⑥虚无：清静无为。

⑦六甲：指甲子、甲戌、甲申、甲午、甲辰、甲寅。

⑧白虎：古代天文学把黄道上的恒星分为二十八个星座即二十八宿。白虎本是西方七宿的合称，又用以指代西方。因西方属金，五行家又以白虎为金之神。

⑨玄武：本是北方七宿的合称，又用以代指北方。因北方属水，五行家又以玄武为水之神。

⑩朱雀：本是南方七宿的合称，又用以代指南方。因南方属火，五行家又以朱雀为火之神。

⑪勾陈：古代天文学所定的一个星座，包括六颗恒星，勾陈即北极星。从地球上看，北极星位置不变，为群星所环绕，因此又用以代指中央。因中央属土，五行家又以勾陈为土之神。

⑫青龙：本是东方七宿的合称，又用以代指东方。因东方属木，五行

家又以青龙为木之神。

译文

武王问太公说："从律管发出的声乐中，可以了解敌我双方力量的消长，预知战争的胜负吗？"

太公回答说："君王您所问的这个问题，可是一门大学问啊！律管共有十二个音阶，其中重要的有五个——宫、商、角、徵、羽，这是最纯正的乐音，世世代代不会更改。五行相生相克，神妙无比，这是天地间的自然规律。借此可以预测敌情的变化。金、木、水、火、土五行，各以其生克关系取胜，用兵打仗也是以其胜攻不胜啊！

"远古帝王统治的时候，以清静无为来反对刚强暴虐。当时没有文字，都是依照五行生克来行事。五行生克的原理，就是天地间的自然法则。六甲的分合十分微妙，根据五音和五行相配来判断敌情、指挥作战的具体方法是：选择一个清澈明朗，没有阴云风雨的天气，夜半时分，派遣一支装备轻便、行动迅速的骑兵前往敌人营垒，在相距九百步开外的地方，都拿着律管对着耳朵，大声呼喊以惊动敌人。这时律管中就会响起来自敌方阵营的回声，声音非常地微弱。如果律管中反应出来的是角声，就应当根据白虎所代表的方位从西边去攻打敌人；如果律管中反应出来的是徵声，就应当根据玄武所代表的方位从北边去攻打敌人；如果律管中反应出来的是商声，就应当根据朱雀所代表的方位从南边去攻打敌人；如果律管中反应出来的是羽声，就应当根据勾陈所代表的方位从中央去攻打敌人；如果律管中没有回声反应的那是宫声，应当根据青龙所代表的方位从东边去攻打敌人。这就是五行生克的应验，辅佐制胜的征兆，战争胜负的关键。"

武王说："说得真好啊！"

太公说："微妙的音律，都有外在的征兆。"

武王问："怎样才能知道呢？"

太公说："当敌人惊动时就仔细倾听。听到击鼓的声音，那代表着角声；看见火光，那代表着徵声；听见各种兵器碰撞的声音，那代表着商声；听到敌人大声呼叫的声音，那代表着羽声；安安静静，什么声音也听不到，那代表着宫声。以上五个方面，说明所见与所闻是相一致，相吻合的。"

兵征第二十九①

原文

武王问太公曰："吾欲未战先知敌人之强弱，预见胜负之征，为之奈何？"

太公曰："胜负之征，精神②先见，明将察之，其败在人。谨候敌人出入进退，察其动静，言语妖祥③，士卒所告。凡三军说怿④，士卒畏法，敬其将命。相喜以破敌，相陈以勇猛，相贤以威武⑤，此强征也。三军数惊，士卒不齐，相恐以敌强，相语以不利，耳目相属，妖言不止，众口相惑⑥，不畏法令，不重其将，此弱征也。

"三军齐整，陈势已固，深沟高垒，又有大风甚雨之利，三军无故⑦，旌旗前指，金铎之声扬以清，鼙鼓之声宛以鸣，此得神明之助，大胜之征也。行陈不固，旌旗乱而相绕，逆大风甚雨之利，士卒恐惧，气绝而不属⑧，戎马惊奔，兵车折轴，金铎之声下以浊，鼙鼓之声湿如沐，此大败之征也。

"凡攻城围邑：城之气色如死灰，城可屠；城之气出而北，城可克；城之气出而西，城必降；城之气出而南，城不可拔⑨；城之气出而东，城不可攻；城之气出而复入，城主逃北；城之气出而覆我军之上，军必病；城之气出高而无所止，用（日）〔兵〕长久。凡攻城围邑，过旬不雷不雨，心亟去之，城必有大辅。此所以知可攻而攻，不可攻而止。"

武王曰："善哉！"

注释

①兵征第二十九：兵征，即战争胜负的征兆。本篇主要对比论述了"强征"和"弱征"，"大胜之征"和"大败之征"，强调战前要密切关注敌军的精神面貌，因为"胜负之征，精神先见"，并进一步补充说明了通过观察城"气"来判断胜负归属的方法。

②精神：指人的精神面貌。

③妖祥：凶兆和吉兆。

④说怿：说同"悦"，高兴。怿（yì），喜悦。

⑤威武：指在敌人的威胁面前英勇不屈。

⑥惑：欺骗，蒙蔽。

⑦无故：没有事故，平安无事。此处指不待命令就行动。

⑧不属：不相连接。引申为涣散。

⑨拔：攻克。

译文

　　武王问太公说："我想在没有开战之前就先知道敌人力量的强弱，事先看出战争胜败的征兆，要做到这一点，应该怎么办呢？"

　　太公说："胜败的征兆，首先表现在人的精神面貌上，明智的将领能够觉察出来，但能否成功地运用这些征兆去打败敌人，关键还在人自身。严密地侦察敌人出入进退的情况，不放过他们的一举一动，注意他们谈论的吉兆和凶兆以及相互告知的事情。凡是全军高兴喜悦，士卒畏惧法令，尊重将帅的命令。相互之间都以为打败敌人可喜可贺，讲述的都是在战场上勇敢杀敌的事情，都以在敌人威胁面前英勇不屈作为一种好的德行，这是军队战斗力强的征兆。反之，全军因多次受惊吓而行动失常，士卒们不能同心协力一致对外，相互之间都对敌人的强大感到畏惧，互相传播着对作战不利的消息，彼此之间议论纷纷，谣言四起无法平息，互相欺骗蒙蔽，不害怕法令不尊重将领，这是军队战斗力弱的征兆。

　　"全军上下团结一心，阵势坚固，沟垒高深，又有狂风暴雨的便利条件，三军不待命令就开始行动，旌旗指向前方，金铎之声高扬而清澈，鼙鼓之声宛转而嘹亮，这是得到了神明的帮助作战必将取得胜利的征兆。反之，队行不整齐阵势不坚固，旌旗纷乱且相互缠绕，没有顺着大风大雨的便利条件，士卒惊恐害怕，士气衰竭且涣散，战马受惊狂奔，兵车轴木被折断了，金铎之声低沉而混浊，鼙鼓之声沉闷而压抑，这是作战必定会惨败的征兆。

　　"凡是包围攻打城邑，如果城邑上空的气颜色像死灰一样，那么这座城邑毁灭；如果城邑上空的气出而向北流动，那么这座城邑可以被攻占；如果城邑上空的气出而向西流动，那么这座城邑必定会投降；如果城邑上空的气出而向南流动，那么这座城邑将坚固得无法摧毁；如果城邑上空的气出而向东流动，那么这座城邑将不会被攻占；如果城邑上空的气出而又入，那么守城的主将必定弃城逃亡；如果城邑上空的气出而覆盖在我军的头上，那么我军必将遭遇不测；如果城邑上空的气高高上升没有停止，那么这一定是一场持久战。只要是包围攻打城邑，如果过了十天还不打雷下雨，就必须赶快撤退，因为城中一定有得力的辅佐之人。这就是懂得了可以攻打就攻打，不能攻打就停止的道理。"

武王说："讲得好极了！"

农器第三十①

原文

武王问太公曰："天下安定，国家无事，战攻之具，可无修乎？守御之备，可无设乎？"

太公曰："战攻守御之具，尽在于人事。耒耜者②，其行马蒺藜也③。马、牛、车、舆者，其营垒蔽橹也④。锄耰之具⑤，其矛戟也。蓑薜簦笠者⑥，其甲胄⑦干楯也⑧。钁⑨、锸、斧、锯、杵臼，其攻城器也。牛马，所以转输粮用也。鸡犬，其伺候也。妇人织纴⑩，其旌旗也。丈夫平壤，其攻城也。春钹⑪草棘，其战车骑也。夏耨⑫田畴，其战步兵也。秋刈禾薪，其粮食储备也。冬实仓廪，其坚守也。田里相伍，其约束符信也⑬。里有吏，官有长，其将帅也。里有周垣，不得相过，其队分也。输粟收刍，其廪库也。春秋治城郭，修沟渠，其堑垒也。故用兵之具，尽在于人事也。善为国者，取于人事。故必使遂其六畜，辟其田野，安其处所。丈夫治田有亩数，妇人织纴有尺度，是富国强兵之道也。"

武王曰："善哉！"

注释

①农器第三十：本文详细列举了"战攻守御之具，尽在于人事"的种种情况，指出军事的强大在于国家的富强，进而提出爱护百姓、重视农业的主张。

②耒（lěi）耜（sì）：古代耕地翻土的农具。耒为柄，耜为铲，形状

与犁相似。

③行马：即拒马，古代防御战具，用来布阵立营、拒险塞要，使人马不得突奔。蒺藜：草名，生于砂地，布地蔓生，果实表面突起如针状，这里指一种带有尖刺，形如蒺藜的障碍物。

④蔽橹：用来抵御遮避的大盾牌。

⑤耰（yōu）：古代一种碎土平田的农具。

⑥蓑薛登笠：遮雨的器具。蓑薛，草编的雨衣。登：古时有柄的笠，即雨伞。笠，斗笠。

⑦甲胄：铠甲和头盔。

⑧干：即盾，古代作战用以卫身抵御兵刃的武器。

⑨钁：大锄。锸（chā）：挖土的工具，形如铁锹。杵臼：舂米、捶衣、筑土用的棒槌。

⑩纴：纺织。

⑪钹：用镰刀、钐刀等抢开来割草或谷物等。

⑫耨：耕田锄草。

⑬符信：凭证，依据。

译文

武王问太公说："天下太平，国家安宁，打仗用的武器，就可以不修整了吗？防守御敌的设施，就可以不修筑了吗？"

太公说："作战的武器防卫的设施，全都是人们平时的生产、生活器具。耒耜，可以用来充当起阻碍作用的拒马和蒺藜；马车和牛车，可以用来充当起遮蔽作用的营垒和蔽橹；锄耰等农具，则可以用来充当作战用的矛戟；雨衣、雨伞，可以充当作战用的铠甲、头盔和盾牌；钁、锸、斧、锯、杵、臼，可以用作攻城的器械；牛、马可以用来运输粮草；鸡、狗可以用来侦察和警戒；妇女们纺织出来的东西，可用来制作旌旗；男子们平整土地的技术，可以运用到攻城之上；春天农民们割草除棘的方法，可以用来和敌人车兵、骑兵作战，夏天农民们耘田锄草的方法，可以用来同敌人步兵作战；秋天收割的庄稼和柴草，可以作为备战用的粮草；冬天粮仓里装满了粮食，战士们可以坚守阵地，和敌人长期抗战；同村同里的人，平时相编为伍，这可以用作作战时军队编组和管理的依据；宅院中有官吏，官府中有长官，他们可以充当作战时军队的将领；里与里之间修筑了围墙，相互之间不能翻跃，这就是作战时队伍的划分；运输的粮食，收割的草料，就是作战时军队的后勤仓库；春秋两季修造的城郭，开挖的沟渠，可以充当战时的壁垒壕沟。所以说作战时的一切所需，全部包含在日常的生产与生活当中。善于治理国家的人，都是从日常的生产与生活中取其所需。因此他一定鼓励人民大力养殖家畜，开垦土地，安居乐业，使得男子们有田可种，妇女们有布可织，而且达到一定的数量。这就是富国强兵的办法。"

武王说："说得真好啊！"

卷四　虎韬

军用第三十一①

原文

武王问太公曰："王者举兵，三军器用，攻守之具，科品②众寡，岂有法乎？"

太公曰："大哉，王之问也！夫攻守之具，各有科品，此兵之大威也。"

武王曰："愿闻之。"

太公曰："凡用兵之大数，将甲士万人，法用：

"武冲大扶胥③三十六乘。材士强弩矛戟为翼④，一车二十四人推之，以八尺车轮，车上立旗鼓。兵法谓之震骇，陷⑤坚陈，败强敌。

"武翼大橹矛戟扶胥⑥七十二具。材士强弩矛戟为翼，以五尺车轮，绞车连弩⑦自副，陷坚陈，败强敌。

"提翼小橹扶胥⑧一百四十四具。绞车连弩自副，以鹿车⑨轮，陷坚陈，败强敌。

"大黄参连弩大扶胥⑩三十六乘。材士强弩矛戟为翼，飞凫、电影⑪自副。飞凫，赤茎白羽，以铜为首；电影，青茎赤羽，以铁为首。昼则以绛缟⑫，长六尺，广六寸，为光耀；夜则以白缟，长六尺，广六寸，为流星。陷坚陈，败步骑。

"大扶胥冲车三十六乘。螳螂武士⑬共载，可以击纵横，可以败敌。

"辎车骑寇⑭，一名电车⑮，兵法谓之电击。陷坚陈，败步骑。

"寇夜来前，矛戟扶胥轻车⑯一百六十乘。螳螂武士三人共载，兵法谓之霆击。陷坚陈，败步骑。

"方首铁棓维朌⑰，重十二斤，柄长五尺以上，千二百枚，一名天棓。

大柯斧^⑱，刃长八寸，重八斤，柄长五尺以上，千二百枚，一名天钺。方首铁链，重八斤，柄长五尺以上，千二百枚，一名天链。败步骑群寇。

"飞钩^⑲长八寸，钩芒长四寸，柄长六尺以上，千二百枚，以投其众。

"三军拒守，木螳螂剑刃扶胥，广二丈，百二十具，一名行马。平易地^⑳，以步兵败车骑。

"木蒺藜^㉑，去地二尺五寸，百二十具。败步骑，要穷寇^㉒，遮^㉓走北。

"轴旋短冲矛戟扶胥^㉔，百二十具，黄帝所以败蚩尤氏。败步骑，要穷寇，遮走北。

"狭路微轻，张^㉕铁蒺藜^㉖，芒高四寸，广八寸，长六尺以上，千二百具。败步骑。

"突瞑^㉗来前促战，白刃接，张地罗，铺两镞蒺藜，参连织女^㉘，芒间相去二寸，万二千枚。旷野草中，方胸铤矛^㉙，千二百具。张铤矛法：高一尺五寸。败步骑，要穷寇，遮走北。

"狭路、微径、地陷，铁械锁参连，百二十具。败步骑，要穷寇，遮走北。

"垒门拒守，矛戟小橹，十二具，绞车连弩自副。

"三军拒守，天罗虎落^㉚锁连一部，广一丈五尺，高八尺，百二十具。虎落剑刃扶胥，广一丈五尺，高八尺，五百二十具。

"渡沟堑飞桥^㉛，一间广一丈五尺，长二丈以上，着转着辘轳，八具，以环利通索^㉜张之。

"渡大水飞江^㉝，广一丈五尺，长二丈以上，八具，以环利通索张之。天浮^㉞铁螳螂^㉟矩内圆，外径四尺以上，环络自副，三十二具。以天浮张飞江，济大海，谓之天潢^㊱，一名天舡^㊲。

"山林野居，结虎落柴营。环利铁锁，长二丈以上，千二百枚。环利大通索，大四寸，长四丈以上，六百枚。环利中通索，大二寸，长四丈以上，三百枚。环利小微缧，长二丈以上，万二千枚。

"天雨盖重车上板，结枲钮锯^㊳，广四尺，长四丈以上。车一具，以铁杙^㊴张之。

"伐木大斧，重八斤，柄长三尺以上，三百枚；棨钁^㊵刃广六寸，柄长五尺以上，三百枚；铜筑固为垂，长五尺以上，三百枚；鹰爪方胸铁杷；

柄长七尺以上，三百枚；方胸铁叉，柄长七尺以上，三百枚；方胸两枝铁叉，柄长七尺以上，三百枚。

"芟⁴¹草木大镰，柄长七尺以上，三百枚；大橹刀，重八斤，柄长六尺，三百枚；委环铁杙，长三尺以上，三百枚；椓杙大锤，重五斤，柄长二尺以上，百二十具。

"甲士万人，强弩六千，戟楯二千，矛楯二千，修治攻具，砥砺⁴²兵器巧手三百人，此举兵军用之大数也。"

武王曰："允哉！"⁴³

注释

①军用第三十一：本文分门别类地详细列举了作战时所需武器装备的种类数量、配置和使用情况，说明了武器装备对战争的进程和结局有着十分重大的影响。

②科品：种类、品类。

③武冲大扶胥：没有大盾的大型战车。扶胥，战车的别名。

④翼：护卫。

⑤陷：攻破。

⑥武翼大橹矛戟扶胥：一种装备有大盾牌和矛戟的战车。

⑦绞车连弩：一种用绞车张弓，能连续发射箭矢的强弩。

⑧提翼小橹扶胥：装备有小盾牌的小型战车。

⑨鹿车：用人力推挽的小车。

⑩大黄参连弩大扶胥：装备有大黄和参连弩的大型战车。大黄，一种强弩的名称。参连弩，能连续发射箭矢的强弩。

⑪飞凫、电影：两种旗帜的名称。

⑫绛缯：大红色的丝绢。

⑬螳螂武士：骁勇善战的武士。

⑭辋车骑寇：轻快迅捷的战车。

⑮电车：快如闪电的战车。

⑯予戟扶胥轻车：一种配备有矛戟的轻型战车。

⑰方首铁棓维盼：一种大方头的铁棒。棓，通"棒"。盼，通"颁"，大头。

⑱大柯斧：长柄斧头。柯：斧柄。

⑲飞钩：古代兵器，似剑而曲，可用来钩取敌人。

⑳平易：指地势平坦开阔。

㉑木蒺藜：木制的有刺障碍物，形似蒺藜。

㉒要：中途拦截。

㉓遮：阻遏，截堵。

㉔轴旋短冲矛戟扶胥：一种配备有冲角矛戟可以旋转的战车。

㉕张：布设。

㉖铁蒺藜：铁制的有刺障碍物，形似蒺藜。

㉗突瞑：在天色昏暗时空袭。

㉘参连织女：将蒺藜连缀在一起的障碍物。织女，本是一种类似蒺藜的草，此处指一种带有尖刺的障碍物。

㉙方胸铤矛：齐胸高的小矛。铤，短柄小矛。

㉚天罗虎落：一种障碍物。天罗，缀有蒺藜的网。虎落，竹篱。

㉛飞桥：一种可折叠的桥。

㉜环利通索：连环铁锁。

㉝飞江：一种可渡江过河的浮桥。

㉞天浮：一种浮桥。

㉟铁螳螂：一种形似螳螂的铁锚。

㊱天潢：大船。

㊲天舡：大船。

㊳结枭钼锯：指在木板上契刻齿槽，使与战车吻合。枭，麻。钼锯，排列成锯齿状。

㊴铁杙：铁桩或钉子一类的东西。杙，橛，桩子。

㊵棨钁：一种大锄头。

㊶芟：割草。

㊷砥砺：磨刀石，此处意为磨快、磨利。

㊸允：的确、确实。

☁ **译文**

武王问太公说："君王发动战争，全军所用的武器装备和攻守器械，其种类的划分和数量的多少，难道有一定的标准吗？”

太公说：“君王您所问的可不是个小问题啊！就拿攻守的器械来说，不仅种类繁多，而且用法各异，这可是关系到军队威力的大事。”

武王说：“我想听听这方面的详细内容。”

太公说：“凡是领兵作战，所使用的武器装备都有个大概的标准。如果统率士兵达到万人，那么按照标准应配置的武器装备有：

“‘武冲大扶胥’战车三十六辆。让勇武之士手执强弓、劲弩、长矛、铁戟护卫在战车两侧，每辆车用二十四人推行，其车轮的高度为八尺，车上没有旌旗和战鼓。按照兵法上所说，这种车辆被称为‘震骇’，它可以用来攻破坚固的敌阵，击败强大的敌军。

“‘武翼大橹矛戟扶胥’战车七十二辆。同样以勇武之士手执强弓、劲弩、长矛、铁戟护卫在两侧，这种车装置有五尺高的车轮，并附设有用绞车发射的连弩，它可以用来攻破坚固的敌阵，击败强大的敌军。

“‘提翼小橹扶胥’战车一百四十四辆，并附没有用绞车发射的连弩。这是一种用人力推挽的小车，可以用来攻破坚固的敌阵，击败强大的敌军。

“‘大黄参连弩大扶胥’三十六辆。以勇武之士手执强弓、劲弩、长矛、铁戟护卫左右，并附设‘飞凫’和‘电影’两种旗帜。‘飞凫’用红色的杆、白色的羽制成，用铜做旗竿头；‘电影’用青色的杆、红色的羽制成，用铁做旗竿头。白天就用红色的丝绢作旗子，长六尺，宽六寸，称之为‘光耀’；晚上就用白色的丝绢作旗子，长六尺，宽六寸，称之为‘流星’。这种战车可以用来攻破坚固的敌阵，击败其步兵和骑兵。

“‘大扶胥冲车’三十六辆。车上载有骁勇善战的武士，可以用来纵横冲击，打败敌人。

“‘辎车骑寇’，又名‘电车’，兵法上称之为‘电击’。这种战车可以用来攻破坚固的敌阵，打败敌人的步兵和骑兵。

“敌人如果夜袭我军，就可使用‘矛戟扶胥战车’一百六十辆，每辆车上载有骁勇善战的武士三人，兵法上称之为‘霆击’，可以用它来攻破坚固的敌阵，打败敌人的步兵和骑兵。

“‘方首铁棓维盼’，重达十二斤，柄长五尺以上，共设置一千二百把，又名‘天棓’‘大柯斧’，刀刃长达八寸，重八斤，柄长五尺以上，也设置一千二百把，又名'天钺'。'方首铁槌'，重八斤，柄长五尺以上，同样也设置一千二百把，又名'天链'。这三种武器都可以用来击败敌军成群的步兵和骑兵。

"'飞钩'，长八寸，钩芒长四寸，柄长六尺以上，共准备一千二百枚，可以用它来投掷杀伤敌人。

"当军队严密防守时，应使用'木螳螂剑刃扶胥'，宽度为二丈，共设置一百二十具，它的另一个名称叫'行马'。在地势平坦开阔的地方，步兵可以用它来打败敌人的战车和骑兵。

"'木蒺藜'，安插时应距离地面二尺五寸，共一百二十具。可以用来击败敌人的步骑、拦截走投无路的敌兵，阻遏撤退逃跑的残寇。

"'轴旋短冲矛戟扶胥'战车一百二十辆，黄帝就是使用这种战车打败了蚩尤氏。它可以用来击败敌人的步骑，拦截走投无路的敌兵，阻遏撤退逃跑的残寇。

"在一些狭窄的小路上，可以布设'铁蒺藜'，其刺长四寸，宽八寸，每具长六尺以上，共设置一千二百具，可以用它来击败敌人的步骑。

"敌人趁着天色昏暗来突袭我军，白刃相接，这时应该张设地罗，布撒两镞蒺藜和'参连织女'等障碍物，芒刺之间的距离为二寸，共布设一万二千具。在旷野深草地区作战，要配置'方胸铤矛'共一千二百具，布设'方胸铤矛'的方法，是使它高出地面一尺五寸。这些器械，都可以用来击败敌人的步骑，拦截走投无路的敌兵，阻遏撤退逃跑的残寇。

"在一些狭窄的小路和低陷的地形上，可以张设'铁械锁参连'，共一百二十具。它可以用来击败敌人的步骑，拦截走投无路的敌兵，阻遏撤退逃跑的残寇。

"如果守卫军营营门，就可使用矛戟小橹十二具，并附带设置用绞车发射的连弩。

"如果军队进行守御，就应设置'天罗虎落锁连'，每部宽一丈五尺，高八尺，共准备一百二十具。此外，还需设置'虎落剑刃扶胥'，每具宽一丈五尺，高八尺，共准备五百二十具。

"跨越沟堑，则要装备'飞桥'，每架宽一丈五尺，长二丈以上，上面装有转关辘轳，一共八具，用铁环和长绳架设。

"横渡大河，则要装备'飞江'，宽一丈五尺，长二丈以上，共计八具，用铁环和长绳架设。'天浮'和'铁螳螂'，外部是矩形，内部呈圆形，直径超过了四尺，并附设有联结用的铁环和绳索，共计三十二具。用'天浮'架设'飞江'，可以横渡大海，这种渡河工具叫做'天潢'，又叫'天舡'。

"如果军队在山林旷野地区扎营，应结筑'虎落柴营'，用铁环长绳相联结，每条长两丈以上，共需一千二百条。带铁环的粗大绳索，铁环直径为四寸，绳长四丈以上，共计六百条；带铁环的中号绳索，铁环直径为二寸，绳长四丈以上，共计三百条。小号绳索，绳长二丈以上，共计一万二千条。

"天下雨的时候，辎重车要盖上车顶板，板上锲刻齿槽，使它能与车子互相锲合，每副木板宽为四尺，长度在四丈以上，每辆车配置一对，并用'铁杙'加以固定。

"砍伐树木用的大斧子，重达八斤，柄长三尺以上，共三百把。'棨镢'，刃宽六寸，柄长五尺以上，共三百把。'铜筑固为垂'，长五尺以上，共三百把。'鹰爪方胸铁杷'，柄长七尺以上，共三百把。'方胸铁叉'，柄长七尺以上，共三百把。'方胸两枝铁叉'，柄长七尺以上，共三百把。

剪除草木用的大镰刀，柄长七尺以上，共三百把。'大橹刀'，重为八斤，柄长七尺，共三百把。带环的铁橛，长三尺以上，共三百把。钉铁橛用的大铁锤，重为五斤，柄长二尺以上，共一百二十把。

军队万人，需要装备强弩六千张，戟和大盾二千套，矛和盾两千套，还需要配备修理攻城器械和磨炼兵器的能工巧匠共三百人。以上就是兴师作战时所需要的武器装备的大概数目。"

武王说："的确像你所说的这样啊！"

三阵第三十二①

原文

武王问太公曰："凡用兵为天陈②、地陈③、人陈④，奈何？"

太公曰："日月、星辰、斗杓⑤，一左一右，一向一背⑥，此谓天陈；丘陵、水泉亦有前后左右之利，此谓地陈；用车用马，用文用武，此谓人陈。"

武王曰："善哉!"

注释

①三阵第三十二：本篇主要论述了用兵作战时三种布阵的方法，即天阵、地阵和人阵。

②天陈：根据各种天象布列阵势。陈，同"阵"。

③地陈：根据各种地形布列阵势。

④人阵：根据人事布列阵势。

⑤斗杓：北斗星。

⑥向：正面。背：反面。

译文

武王问太公说："只要是用兵打仗，一般都会布设所谓的天阵、地阵和人阵，请问这是怎么一回事呢？

太公解释说："根据日月、星辰、北斗星在我前后左右的具体运行位置来布阵，这就是所谓的天阵；利用丘陵、水泽等地形条件来布阵，就是所谓的地阵；根据所使用的车、马等武器装备来布阵，还有根据部队的实际情况或者采用政治诱降或者采用武力夺取等不同战法来布阵，都是所谓的人阵。"

武王说："讲得好!"

疾战第三十三①

原文

武王问太公曰："敌人围我，断我前后，绝我粮道，为之奈何？"

太公曰："此天下之困兵也②，暴③用之则胜，徐④用之则败。如此者，为四武冲陈⑤，以武车骁骑，惊乱其军，而疾击之，可以横行。"

武王曰："若已出围地，欲因以为胜，为之奈何？"

太公曰："左军疾左，右军疾右，无与敌人争道；中军迭前迭后⑥。敌人虽众，其将可走。"

注释

①疾战第三十三：本篇主要论述了突围作战的一些原则、方法。

②困兵：处境艰难的军队。

③暴：又猛又急的。

④徐：缓慢。

⑤四武冲陈：四面都用战车部队进行警戒的阵形。

⑥迭：交替地，轮流地。

译文

武王问太公说："敌人包围了我军，切断了我军与外界的联系，断绝了我军运送粮草的通路，处在这种情况下，应该怎么办呢？"

太公说："这就是天下处境最为困难的军队，只有迅速突围才能摆脱不利处境，行动迟缓只会招致最后的失败。突围的具体做法是，让军队排列成'四武冲阵'的队形，凭借战车和骁勇善战的骑兵，使敌人受到惊吓，陷入混乱之中，而我军正好借此机会发动突然袭击，这样就能够突出重围，畅通无阻了。"

武王又问："如果我军已经突出了敌人包围圈，想趁此机会反击敌军，取得胜利，又该怎么办呢？"

太公说："我军左边的军队迅速向敌人的左翼发起攻击，右边的军队迅速向敌人的右翼发起攻击，不要和敌人争夺道路；同时中部的军队或前或后地轮番向敌人发动攻势。这样敌军虽然人数众多，但是仍将被打败。"

必出第三十四①

原文

武王问太公曰："引兵深入诸侯之地，敌人四合而围我，断我归道，绝我粮食。敌人既众，粮食甚多，险阻又固，我欲必出，为之奈何？"

太公曰："必出之道，器械为宝，勇斗为首。审知敌人空虚之地，无人之处，可以必出。将士人持玄旗，操器械，设衔枚②，夜出。勇力、飞足、冒将之士居前③，平垒④为军开道。材士⑤、强弩⑥为伏兵居后，弱卒车骑居中。陈毕徐行⑦，慎无惊骇⑧。以武冲扶胥⑨前后拒守，武翼大橹⑩以备左右。敌人若惊，勇力、冒将之士疾击而前，弱卒车骑以属⑪其后，材士强弩隐伏而处。审候⑫敌人追我，伏兵疾击其后，多其火鼓，若从地出，若从天下，三军勇斗，莫我能御。"

武王曰："前有大水、广堑、深坑，我欲逾渡，无舟楫之备。敌人屯垒，限我军前，塞我归道，斥候⑬常戒，险塞尽中，车骑要我前，勇士击我后，为之奈何？"

太公曰："大水、广堑、深坑，敌人所不守，或能守之，其卒必寡。若此者，以飞江、转关与天潢⑭以济吾军。勇力材士从我所指，冲敌绝陈，皆致其死。先燔⑮吾辎重⑯，烧吾粮食，明告吏士，勇斗则生，不勇则死。已出者，令我踵军⑰设云火远候，必依草木、丘墓、险阻，敌人车骑必不敢远追长驱。因以火为记，先出者令至火而止，为四武冲陈。如此，则吾三军皆精锐勇斗，莫我能止。"

武王曰："善哉！"

注释

①必出第三十四：本篇主要论述了夜间突围作战和渡过江河作战的原则方法，强调指出"必出之道，器械为宝，勇斗为首"，点明实施突围作战，除了要有充足的武器装备外，更重要的是保持高昂的士气，有破釜沉舟、视死如归、一往无前的勇气和决心。

②衔枚：枚的形状像筷子，横衔口中，以免行军时发出声音。

③冒将：敢于冒险、勇往直前的将士。

④平垒：攻占敌军营垒。

⑤材士：勇武之士。

⑥强弩：强弓劲弩。

⑦徐：从容不迫地。

⑧骇：骚乱。

⑨武冲扶胥：一种防卫型的战车。

⑩武翼大橹：一种防卫型的战车。

⑪属：连接，引申为跟着。

⑫审候：仔细地侦察。

⑬斥候：指侦察的人，哨兵。斥：远。

⑭飞江、转关与天潢：指浮桥或渡船等摆渡工具。

⑮燔：焚烧。

⑯辎重：军用器械、粮草、营帐、服装等的统称。

⑰踵军：后卫部队。踵：脚后跟。

译文

武王问太公说："率领军队深入到别国诸侯境内，敌人从四面八方将我军团团围住，切断了我军的退路，断绝了我军的粮道。敌军不仅人数众多，而且粮食准备得也很充足，同时还占据着有利的地形，防守十分牢固，尽管条件非常险恶，但我军非常想突出重围，请问应该怎样做呢？"

太公说："要想突出敌人包围，武器装备至关重要，而英勇战斗则是首要条件。仔细探察敌人防守空虚、兵力薄弱的地方，然后乘虚而入，就能够突出包围。突围时，将领和士兵每人手持黑色的旗帜，拿着器械，口中衔枚，趁着夜幕降临开始行动。挑选一些勇武有力、行步如飞、勇往直前的将士担任开路先锋，攻占敌军的营垒，为我军打开通道；挑选一些勇武之士手执强弓劲弩担任伏兵，在后面掩护大部队进攻；而让士卒中的老弱病残者和战车、骑兵在中间行进。阵势部署完毕后就可以开始突围，注意一定要从容不迫，谨慎小心，不要惊慌害怕，以免引起骚乱。突围时可使用'武冲扶胥'战车前后护卫，使用'武翼大橹'战车左右守备。敌人一旦有所察觉，我勇敢有力的先头部队就迅速发起突击，向前推进，老弱病残者和战车、骑兵则跟在他们的后面，而那些手执强弓劲弩的勇武之士们则埋伏起来，让敌人丝毫也不能察觉。当侦察清楚是敌兵前来追击我军之时，埋伏的士兵就迅猛地攻击它的后方，并摇动火把敲击战鼓以扰乱敌人的视听，一时之间，我军将士仿佛从地而出，从天而降，同敌人奋力拼杀，敌人也就无法抵挡得住我军的突围。"

武王接着问："前面有大河、宽堑、深坑，我军想摆渡过去，可事先又没有准备好船桨，敌人聚集兵力修筑营垒，前面有敌兵阻止我军前进，后面有敌兵切断了我军的退路，敌人的哨兵始终戒备森严，险要的地形又全都被敌军所占据。而且敌人的战车、骑兵在前面拦截，敌军中的亡命之徒又在后面追击。如果遇到这种情况，那又该如何应对呢？

太公说："一般说来，大河、宽堑和深坑是敌人所不设防的，即使有时派人防守，守兵也不会多。像这种情况，就可以用'飞江''转关'和'天潢'等浮桥或船只使我军渡过河去，勇敢的将士们听从主将的指挥，冲锋陷阵，杀得敌人落花流水，片甲不留。摆渡之前，要先焚毁我军的辎重和粮食，明确地告诉全军将士，奋勇作战才有生还的希望，畏缩怯战只能是死路一条。突围成功之后，命令我军后卫部队设置烟火信号并在远处侦察，同时，一定要占领丛林、坟墓等险阻地形，这样，敌人的战车骑兵就一定不敢长驱远追了。之所以用火作为信号，是指示那些先期突围的士卒到有火的地方集中，以组成'四武冲阵'的队形。这样，我军就会成为一支精锐之师、勇猛之师，敌人再也无法阻挡了。"

武王赞叹道："说得好啊！"

军略第三十五①

原文

武王问太公曰："引兵深入诸侯之地，遇深溪、大谷、险阻之水，吾三军未得毕济，而天暴雨，流水大至，后不得属于前，无有舟梁之备，又无水草之资，吾欲毕济，使三军不稽留②，为之奈何？"

太公曰："凡帅师将众，虑不先设，器械不备，教不素信③，士卒不习，若此，不可以为王者之兵也④。凡三军有大事，莫不习用器械。攻城围邑，则有轒辒、临冲⑤；视城中，则有云梯、飞楼⑥；三军行止，则有武冲、大橹⑦，前后拒守；绝道遮街，则有材士强弩，冲⑧其两傍；设营垒，则有天罗、武落⑨、行马、蒺藜。昼则登云梯远望，立五色旌旗；夜则设云火万炬，击雷鼓，振鼙铎，吹鸣笛⑩；越沟堑，则有飞桥、转关、辘轳、鉏铻⑪；济大水，则有天潢、飞江；逆波上流，则有浮海、绝江。三军用备，主将何忧！"

注释

①军略第三十五：本篇主要以在江河湖沼地带作战为例，阐述了一项

重要的军事策略："凡三军有大事，莫不习用器械。"指出只要恰到好处地运用各种器材用具，就能发挥巨大的战斗力，做到战无不胜、攻无不克。

②稽：停留。

③教不素信：平时训练没有落实。

④王者之兵：指能成就霸业的军队。

⑤辒辒：古代兵车的一种，用于攻城。临冲：古时两种战车的名称。临车是用来以上视下的车辆，冲车是用以冲击敌城的战车。

⑥云梯：古代攻城时用来攀登城墙的长梯。飞楼：用以登高观察城中敌情的望楼。

⑦大橹：大盾牌。

⑧冲：疑为"卫"，守卫。

⑨武落：即虎落，绳索和木桩。

⑩笳：古代管乐器名。

⑪鉏铻：栉齿壮物。

译文

武王问太公说："率领军队深入敌国境内，遇到了深溪、大谷和难以渡过的河流，我军人马还没有全部摆渡过去，这时天忽然下起了大雨，洪水滔滔涌来，前后的队伍被水隔断，既没有备用的渡船和桥梁，又缺少堵水用的干草等物资，面临这样一种困境，我想让所有人马都摆渡过去，以免整个部队停留太久，请问该怎么办呢？"

太公说："凡是率军出征，战前不作周密的计划部署，事先不预备好各种器械，平时的训练没有一一落实，士卒们对于作战技术感到生疏，凡此种种，都不是王者之师应有的表现。只要军队要打仗，没有不训练士兵熟练地使用各种器械的。如围攻城邑，就要用到辒辒、临冲等攻城战车；监视城内敌人的动静，就用云梯和飞楼；军队前进和驻扎，就用武冲、大橹等战车在前后掩护；阻断道路交通，就派勇武之士手执强弓劲弩守卫在道路两侧；修筑营垒，就要用到天罗、武落、行马、蒺藜。白天就登上云梯向远处眺望，并树起五色旌旗报告敌情；夜晚就点起很多的云火，并击响雷鼓，敲击鼙鼓，摇动大铎，吹响鸣笳，作为指挥信号；翻越沟堑，就用飞桥、转关、辘轳、鉏铻；横渡大河，就用天潢、飞江；逆流而上，就用浮海、绝江。全军所需的用具都已准备妥当，主将还有什么可担忧的呢！"

临境第三十六①

原文

武王问太公曰："吾与敌人临境相拒，彼可以来，我可以往，陈皆坚固，莫敢先举。我欲往而袭之，彼亦可来，为之奈何？"

太公曰："分兵三处：令（军）〔我〕前军，深沟增垒而无出，列旌旗，击鼙鼓，完为守备；令我后军，多积粮食，无使敌人知我意；发我锐士，潜袭其中，击其不意，攻其无备。敌人不知我情，则止不来矣。"

武王曰："敌人知我之情，通我之谋，动而得我事，其锐士伏于深草，要②隘路，击我便处，为之奈何？"

太公曰："令我前军，日出挑战，以劳其意；令我老弱，曳柴扬尘③，鼓呼而往来；或出其左，或出其右，去敌无过百步，其将必劳，其卒必骇。如此，则敌人不敢来。吾往者不止，或袭其内，或击其外，三军疾战，敌人必败。"

注释

①临境第三十六：本篇主要论述了两军对阵中，如何误敌疲敌，创造条件，捕捉战机，夺取战争的胜利。

②要：通"邀"，中途拦截。

③曳柴扬尘：拖动柴草奔跑，使尘土飞扬，以迷惑敌人。

译文

武王问太公说："我军和敌军在国境线上相互对峙，敌军可以打过来，我军也可以攻过去，双方的阵势都很坚固，谁也不敢轻举妄动。我想去袭击敌人，可又担心敌人来袭击我军，碰到这样的情形，应该如何处理呢？"

太公说："最好的办法就是把我军分为三个部分：指挥前军深挖战壕，高筑壁垒，但不要出战，而是布列旌旗，敲击鼙鼓，为防卫做好准备；命令我方后军，多多储存粮食，不要让敌人摸清了我军的企图；然后，出动我的精锐部队——中军，偷袭敌军的指挥中心，出其不意，攻其不备。敌人不了解我军的真实情况，就会止步不前，不敢进行反攻了。"

武王接着发问："假如敌人掌握了我军的情况，洞察了我军的企图，我军一有行动，敌人就清楚我们要做什么，于是派遣他的精兵良将埋伏在草木茂盛的地带，在一些狭窄的路口拦截我军，占据有利的地形攻打我军，那又该怎么办呢？"

太公说："命令我方前军，每天出去挑战，以使敌人的斗志懈怠；命令我军那些年老体弱的士卒，一边拖着柴草奔跑，使尘土飞扬，迷惑敌人，一边擂鼓呐喊，你跑过来我跑过去，以壮大声势；挑战时我军有时从敌军的左边冒出来，有时又从敌人的右边冒出来，且与敌人相距不超过百步，我军的骚扰一定令敌将疲惫劳累，使敌兵惊恐不安。这样，敌人就不敢来进犯我军。我军如此不断地袭扰敌人，或者袭击他的内部，或者袭击他的外部，这时全军再迅猛出击，那么敌人必败无疑。"

动静第三十七①

原文

武王问太公曰："引兵深入诸侯之地，与敌之军相当，两陈相望，众寡强弱相等，未敢先举。吾欲令敌人将帅恐惧，士卒心伤，行陈②不固，后陈欲走，前陈数顾③；鼓噪而乘之，敌人遂走，为之奈何？"

太公曰："如此者，发我兵去寇十里而伏其两旁，车骑百里而越其前后，多其旌旗，益其金鼓。战合，鼓噪而俱起，敌将必恐，其军惊骇，众寡不相救，贵贱不相待，敌人必败。"

武王曰："敌之地势，不可以伏其两旁，车骑又无以越其前后，敌知我虑，先施其备，我士卒心伤，将帅恐惧，战则不胜，为之奈何？"

太公曰："微哉④，王之问也！如此者，先战五日，发我远候，往视其动静，审候其来，设伏而待。必于死地，与敌相（避）〔遇〕，远我旌旗，疏我行陈，必奔其前，与敌相当。战合而走，击金而止，三里而还，伏兵乃起，或陷⑤其两旁，或击其前后，三军疾战，敌人必走。"

武王曰："善哉！"

注释

①动静第三十七：本篇主要论述了伏击战的一些原则和方法：在敌我双方势均力敌的情况下，应该多方设伏并虚张声势，以造成敌人军心涣散；在我军处境不利的情况下，要运用伏击战，首先要考虑地形，其次还要制造假象以迷惑敌人，最终达到一网打尽的目的。

②行陈：军队行列。陈通"阵"。

③数顾：不断回头张望，意为恐惧犹豫。

④微：精妙。

⑤陷：攻破。

译文

武王问太公说："率领军队深入到敌国境内，我军和敌军人数相等、力量相当，可以说势均力敌，双方互相对峙着。谁也不敢轻举妄动。我想使敌军将帅心怀恐惧，士卒情绪低落，军队行列不能稳固，后面的人想逃跑，前面的人不断回头张望；再趁此机会擂鼓呐喊向敌人发动攻势，敌人于是溃不成军。请问要做到这一步，应该怎么办呢？"

太公回答说："想做到这样，就须派遣我军士卒到与敌人相距十里的地方，并在道路两侧做好埋伏，再派遣战车和骑兵到百里之外，迂回到敌军阵营的前后，并命令各部队多备旌旗增设金鼓。等到两军一交战，就擂鼓呐喊，各路人马一起向敌人发起攻势，在这种情况下，敌军将领必然心怀恐惧，敌军士卒也一定惊慌害怕，以至大小部队互不救援，官兵之间自顾不暇，如此，敌人必败无疑。"

武王又问："如果敌军所处的地势，不利于我军埋伏在其两旁，战车和骑兵又无法迂回到敌军阵营的前后，而敌人明了了我军的意图，预先就做好了准备。这种种情形使我军士卒情绪低落，将帅心怀恐惧，如果交战一定不可能取得胜利。碰到这种情况，又该如何处理呢？"

太公说："君王您问得真是精妙呀！像这种情况，就在交战的前五天，派遣我军的哨兵，去偷窥敌人的情况，仔细侦察出敌军准备向我进犯的蛛丝马迹，然后设下埋伏等待他。一定要选择那些敌人无处生逃的地理位置

来和他交战，疏散我军旌旗，拉开我军队伍的间距，必须奔在敌人的前
方，并以与敌人相当的兵力向敌车发起攻势。双方刚一交战我军就假装逃
跑，听到收兵的锣声就马上停止，后退到距离敌人三里开外又猛杀一个回
马枪，这时，早就埋伏在那里的士兵乘机而起，有的攻打敌人两侧，有的
袭击敌人前后，全军将士奋勇作战，敌人一定兵败逃走。"

武王说："讲得好啊！"

金鼓第三十八①

🌥 原文

武王问太公曰："引兵深入诸侯之地，与敌相当，而天大寒甚暑，日
夜霖雨②，旬日不止，沟垒悉坏，隘塞不守，斥候懈怠，士卒不戒。敌人
夜来，三军无备，上下惑乱，为之奈何？"

太公曰："凡三军以戒为固，以怠为败。令我垒上，谁何不绝③，人执
旌旗，外内相望④，以号相命⑤，勿令乏音，而皆外向。三千人为一屯⑥，
诚而约之，各慎其处。敌人若来，（亲）〔视〕我军之警戒，至而必还，力
尽气怠，发我锐士，随而击之。"

武王曰："敌人知我随之，而伏其锐士，佯北⑦不止，过伏而还，或击
我前，或击我后，或薄我垒⑧。吾三军大恐，扰乱失次，离其处所，为之
奈何？"

太公曰："分为三队，随而追之，勿越其伏，三队俱至，或击其前后，
或陷其两旁，明号审令，疾击而前，敌人必败。"

🌥 注释

①金鼓第三十八：本篇主要论述了防敌夜袭和防止伏击的方法。防敌
夜袭的方法是"以戒为固，以怠为败"，只有加强警戒，严加防范，才能
取得战争的胜利。防敌伏击的方法是兵分三路，分头追击，严明号令，迅
猛出击，只有这样，才能粉碎敌人的伏击，彻底打败敌人。

②霖雨：连绵大雨。

③谁何不绝：口令问答声不绝于耳。

④望：远望。

⑤以号相命：通过号令互相联络，传达命令。

⑥屯：聚集。此处指一个驻军单位。

⑦佯北：假装失败。

⑧薄：逼近，靠近。

译文

武王问太公说："率领军队深入敌国境内，敌我双方旗鼓相当，正好碰上寒冬腊月或酷暑时节，倾盆大雨夜以继日下了整整十天，仍不见停止，以至战壕营垒全部塌毁，难以守卫，侦察兵松懈懒散，士兵们放松警戒。夜晚，敌人乘机前来袭击，全军上下毫无准备，整个阵营一片混乱，请问碰到这种情况应该怎么办呢？"

太公说："无论什么军队，只要加强戒备就能固不可摧，倘若放松警惕就会遭致失败。因此下令我军营垒之上，口令问答声不绝于耳，哨兵们手拿旌旗，进行营垒内外信号的传递，通过号令互相联络，传递命令，不要让传令之声停止，而且使士卒们全部面向敌人，以便随时投入战斗。每三千人编为一屯，警告他们并且严格地管束他们，使每个人都能小心谨慎地做好自己的防守工作。敌人如果前来进犯，看到我军戒备森严，就算到了我军阵前也必因害怕而撤退，趁着敌人力气衰竭士气低落之时，出动我军的精锐部队跟踪追击，将敌人一举歼灭。"

武王接着问："如果敌人探知我军紧随其后，于是事先埋伏下精锐部队，然后假装撤兵不止以诱我深入，等到我军进入其埋伏圈时，敌人就掉转头来配合其伏兵向我反击，有的袭击我军前方，有的袭击我军后方，有的逼近我军营垒，搞得我军上下大为恐慌，乱成一团，士卒们纷纷擅离职守，碰到这种情况又该怎么办呢？"

太公说："可以把我军分为三队，分头跟踪追击敌人，但千万不要走进了敌人的埋伏圈，等到三队人马会合之后，有的攻打敌人的前后，有的攻击敌人的两侧，并严明号令，使士卒迅猛出击，一往无前，这样，敌人就一定会被打败。"

绝道第三十九①

原文

武王问太公曰:"引兵深入诸侯之地,与敌相守,敌人绝我粮道,又越我前后②。吾欲战则不可胜,欲守则不可久,为之奈何?"

太公曰:"凡深入敌人之地,必察地之形势,务求便利。依山林、险阻、水泉、林木而为之固,谨守关梁;又知城邑、丘墓③地形之利。如是,则我军坚固,敌人不能绝我粮道,又不能越我前后。"

武王曰:"吾三军过大木、广泽、平易之地,吾盟④误失,卒与敌人相薄⑤,以战则不胜,以守则不固,敌人翼⑥我两旁,越我前后,三军大恐,为之奈何?"

太公曰:"凡帅师之法,当先发远候,去敌二百里,审知敌人所在。地势不利,则以武(卫)〔冲〕为垒而前,又置两踵军于后,远者百里,近者五十里,即有警急,前后相救。吾三军常完坚,必无毁伤。"

武王曰:"善哉!"

注释

①绝道第三十九:本篇主要论述了地形对作战的重要影响。与敌作战时,"必察地之形势,务求便利",占据了有利的地形,就能粉碎敌人的围剿;若处于不利的地理位置,就要采用武冲车营和后卫部队前后相联,互相救援的方法,来夺取战争的胜利。

②越我前后:指敌人迂回到我军侧后,从前后两面对我军实施夹击。

③丘墓:指坟墓。

④盟:盟军,友军。

⑤相薄:相迫近。指敌我两军狭路相逢、猝然遭遇。

⑥翼:用翼遮盖,比喻从两旁包抄。

译文

武王询问太公道:"率领军队深入敌国境内,敌我双方相互守卫、彼此抗衡，敌人截断了我军运输粮食的通道，又迂回到我军侧后，从前后两面对我军实施夹击。我军想攻又无法取胜，想守又不可能长久，碰到这样的情况，该怎么处理呢？"

太公说："只要是深入到敌国境内作战，一定要观察清楚地理形势，务必先占领有利的地形。凭借山林、险阻、水泉、林木以求得阵势的稳固，在一些关口、桥梁处严加防范，对城邑、坟墓等地形的便利也应了然于心。做到了以上几点，那么我军就能坚不可摧，敌人既无法切断我军的粮道，又无法迂回到我军的后方，从前后两面夹击我方。"

武王又问："当我军通过高大茂密的丛林、广阔无边的沼泽、平坦开阔的地方时，我们的盟军由于误时没有及时赶到，反而突然与敌人狭路相逢，想进攻恐怕不能取胜，想防守又担心不能坚固，就在进退两难的时候，敌人又从两旁包抄过来，将我军两侧团团围住，同时还迂回到我军侧后，从前后两面实施夹击，这使得全军上下大为恐慌，对此又该如何处理呢？"

太公回答说："大凡率军作战的方法，应当事先派遣侦察人员，在距离敌人二百里的地方，详细了解敌人所在的地理位置。如果地形对我军不利，就用武冲车结成营垒向前推进，同时安排两支后卫军跟随其后，两者的间距远的可达百里，近的则为五十里，一旦发生什么紧急情况，前后即可互相救援。我军若能经常保持这种完善而坚固的部署，就一定不会遭受伤亡和失败了。"

武王说："讲得好啊！"

略地第四十①

🌀 原文

武王问太公曰："战胜深入，略②其地，有大城不可下，其别军守险，与我相拒。我欲攻城围邑，恐其别军卒至而击我，中外相合，击我表里，三军大乱，上下恐骇，为之奈何？"

太公曰："凡攻城围邑，车骑必远，屯卫③警戒，阻其外内。中人绝粮，外不得输，城人恐怖，其将必降。"

武王曰："中人绝粮，外不得输，阴为约誓，相与密谋；夜出，穷寇④死战，其车骑锐士，或冲我内，或击我外，士卒迷惑⑤，三军败乱，为之奈何？"

太公曰："如此者，当分军为三军，谨视地形而处⑥，审知敌人别军所在，及其大城别堡⑦，为之置遗缺之道，以利其心，谨备勿失。敌人恐惧，不入山林，即归⑧大邑。走其别军，车骑远要其前，勿令遗脱。中人以为先出者得其径道，其练卒材士必出，其老弱独在。车骑深入长驱，敌人之军，必莫敢至。慎勿与战，绝其粮道，围而守之，必久其日。无燔(fán)⑨人积聚，无坏人宫室，冢树社丛⑩勿伐，降者勿杀，得而勿戮⑪，示之以仁义，施之以厚德，令其士民曰：'罪在一人⑫。'如此，则天下和服。"

武王曰："善哉！"

注释

①略地第四十：本篇主要论述了攻城围邑时可能面临的情况及对策，特别强调智取在攻城作战时的作用，具体方法就是断敌粮道、歼敌援兵、诱敌突围、一网打尽等等，并且指出武攻只能夺取城池，而想获得人心必须靠"仁义"和"厚德"。

②略：夺取，占领。

③屯卫：驻兵守卫。

④穷寇：走投无路的敌人。

⑤迷惑：迷乱，心神无主。

⑥处：安顿，驻扎。

⑦大城别堡：指被我所围城池附近的敌国大城市和堡垒。

⑧归：返回，撤退。

⑨燔：焚烧。

⑩冢树社丛：坟墓地的树木和社神庙旁的树林。

⑪戮：惩罚。

⑫罪在一人：所有罪责都在敌国君主一人身上。意思就是说敌国的普通士卒和百姓不必对此承担任何责任。这实际上就是一则安民告示，其目的是为了稳定人心，以获取最广泛的支持。

译文

武王问太公说："我军乘胜追击到敌国境内，夺取了他们的土地，但还有大城未能攻下，城外另有敌军占据着险要的地理位置，同我军相顽抗。我军想要围攻城邑，又担心城外的敌军突然逼近向我发起进攻，与城内的敌人里应外合，对我形成两面夹攻之势，致使我全军上下一片混乱、惊恐万状。像到这种情况，应该怎样处理呢？"

太公说："但凡围攻城邑，一定要将战车和骑兵安置到离城较远的地方，屯兵守卫并严加防范，隔断城内外敌人的联系。这样相持到一定的时间，城内的敌人粮食断绝，而城外的敌人又无法给他们运送粮食，这就会使城内的守军心生恐惧，他们的将领就一定会投降。"

武王问："城内的敌人粮食断绝，城外的粮食又无法运送进去，两边的敌人就会暗中联系，约定时间并立下誓言，密谋突围。选定某一天晚上，这些走投无路的敌人趁着夜色杀出城去，与我军展开了殊死搏斗，他们的战车、骑兵及精锐部队，有的向我军内部发起了冲击，有的向我军外围发起了进攻，士卒们一下子六神无主，慌了手脚，全军上下一片混乱，敌人眼看就要反败为胜。碰到这种情况，又该怎么办呢？"

太公说："像这种情况，就应该将我军分为三个部分，仔细察看地形，选择有利的位置来驻扎。详细了解敌人城外部队所在的位置以及那些还未攻陷的城市、堡垒的情况，故意给敌人留下一条活路，以引诱城内守军外逃，但一定要小心戒备，防止敌人逃跑。因为突围的敌军慌乱恐惧，因此不是想逃入深山老林，就是想撤向其他城邑。所以我军首先要赶走敌人城外的部队，接着出动战车和骑兵，在距城较远的地方阻击那些先突围的敌人，一个也不要让他们逃脱。这样，被围困在城中的敌军就会误以为其先头部队已经突围成功，打通了一条逃跑的道路，他们的精兵强将就一定会继续突围出城，城内只留下一些年老体弱的士卒。这时，我军的战车和骑兵长驱直入，直捣敌营，敌人的守城部队必定不敢继续突围。但千万注意不要马上同敌人交战，而应该断绝其粮道，将敌人围困在城中，时间一长，敌人必然投降。攻占敌军城邑之后，不要焚烧储备的粮食，不要毁坏百姓的房屋，坟地的树木和庙祠的丛林不可砍伐，已经投降的敌军士卒不可杀戮，被俘的敌人不可任意地惩罚，要向他们表示仁爱，要对他们施加恩惠，还应向敌国军民郑重宣告：'所有罪责都归咎于无道君主一人身上。'这样，天下就会心悦诚服了。"

武王说："说得好极了！"

火战第四十一^①

 原文

武王问太公曰："引兵深入诸侯之地，遇深草蓊秽^②，周吾军前后左右，三军行数百里，人马疲倦休止。敌人因天燥疾风之利，燔吾上风，车骑锐士，坚伏吾后，吾三军恐怖，散乱而走，为之奈何？"

太公曰："若此者，则以云梯、飞楼，远望左右，谨察前后，见火起，即燔吾前而广延之，又燔吾后。敌人若至，则引军而却。按^③黑地而坚处，敌人之来，犹在吾后，见火起，必还走。吾按黑地而处，强弩材士卫吾左右，又燔吾前后，若此，则敌不能害我。"

武王曰："敌人燔吾左右，又燔吾前后，烟覆吾军，其大兵按黑地而起，为之奈何？"

太公曰："若此者，为四武冲陈，强弩翼吾左右。其法无胜亦无负。"

注释

①火战第四十一：本篇主要论述了粉碎敌人火攻的方法，具体做法就是以火攻对火攻，以隔断敌之火势，使火烧不到我军。这里所说的火攻是带有防御性质的火攻，除了保护自己外，对敌人并不构成大的威胁。

②秽：荒芜，田中杂草。

③按：依照，凭借。

译文

武王问太公说："率领军队深入到敌国境内，碰上生长茂盛的荒草遍布在我军的四周，我们的队伍已行军数百里，人马都非常疲乏劳累，迫切地需要休整。而敌人却乘着天气干燥、风速很快的便利条件，在我军上风放火，又派其战车、骑兵和精锐部队，在我军后方打下了坚实的埋伏，致使我三军混乱，纷纷逃窜。遇到这种情况，应该如何处理呢？"

太公说："在这种情况下，应该架起云梯、飞楼，登高远望，仔细观察前后左右有什么异常情况发生。一旦发现敌人在我前方点火，我军也立刻在自己前方点火以使火烧成一片，同时又在我军后方点火以便烧出一块空地，这样敌人的火攻就无法发挥作用。敌人如果攻打过来，我军就率领队伍撤退到那块黑黑的空地上坚守。前来进攻的敌人此时落在我军后面，看到火起，必定退走。我军依照这块黑黑的空地来布兵设阵，派手执强弓劲弩的勇武之士护卫在我军左右两侧，又继续焚烧我军前后的荒草。这样，敌人就不能加害于我了。"

武王又问："敌人既在我军左右放火，又在我军前后放火，滚滚浓烟覆盖了我军阵地，敌人的主力部队趁此机会向我军据守的空地发起突袭，对此又该怎么办呢？"

太公说："遇到这种情况，应当把我军结成'四武冲阵'的队形，同时让手执强弓劲弩的勇武之士护卫在左右两侧。这种办法虽然不能取得胜利，但也不会导致失败。"

垒虚第四十二①

🌥 原文

武王问太公曰："何以知敌垒之虚实，自来自去？"

太公曰："将必上知天道②，下知地理③，中知人事④。登高下望，以观敌之变动；望其垒，即知其虚实；望其士卒，则知其去来。"

武王曰："何以知之？"

太公曰："听其鼓无音，铎⑤无声，望其垒上多飞鸟而不惊，上无氛气⑥，必知敌诈而为偶人也⑦。敌人卒⑧去不远，未定而复返者，彼用其士卒太疾也。太疾，则前后不相次⑨；不相次，则行陈必乱。如此者，急出兵击之，以少击众，则必胜矣。"

🌥 注释

①垒虚第四十二：本篇主要论述了作战指挥的一项基本原则，即通过

对敌军营垒、士卒情况的观察，来判断敌情，并据此制定出对敌作战的策略和方法。

②天道：自然的规律。

③地理：山川土地的环境形势。

④人事：人世间各种事情。

⑤铎（duó）：有战事时使用的大钟。

⑥氛气：这里指尘土飞扬，远看就像一团云雾。

⑦偶人：指用土木或稻草制成的假人。

⑧卒（cù）：通"猝"，突然，仓猝。

⑨次：按顺序排列。

译文

武王问太公说："用什么办法可以知道敌人营垒的虚实和敌军调遣兵力的情况呢？"

太公说："作为一军的统帅，必须上知天道下知地理，中知人事。登上高处往下望，来观察敌情的变化；眺望敌人的营垒，就可知道其内部的虚实；观察敌方士卒的动态，就可知道敌军兵力调遣的情况。"

武王追问："怎么才能知道这些事情呢？"

太公说："如果听不到敌营里传出鼓声，也听不到大钟声，又看到敌军营垒上空有许多鸟儿在飞翔而且一点儿也不恐惧，空中也没有飞扬的尘土，那么可以断定敌人是在用假人欺骗我们，这座营垒实际上是座空营。如果敌人仓猝撤兵不久，惊魂未定又急匆匆地返回，就说明敌人调动兵力过于忙乱。调兵太忙乱，前后的士卒就不能按顺序排列；不能接顺序排列，那么行列阵势就必然混乱。在这种情况下，我军可快速出兵去攻打敌人，即使是以少胜多，也一定会取得胜利。

卷五 豹韬

林战第四十三①

原文

武王问太公曰:"引兵深入诸侯之地,遇大林,与敌分林相拒。吾欲以守则固,以战则胜,为之奈何?"

太公曰:"使吾三军分为冲陈②,便兵所处③,弓弩为表,戟楯为里,斩除草木,极广吾道,以便战所;高置旌旗,谨敕④三军,无使敌人知吾之情,是谓林战。林战之法:率吾矛戟,相与为伍;林间木疏,以骑为辅;战车居前,见便则战,不见便则止;林多险阻,必置冲陈,以备前后;三军疾战,敌人虽众,其将可走;更战更息⑤,各按其部,是谓林战之纪。"

注释

①林战第四十三:本篇论述了森林地带作战的战术和方法。
②冲陈:即四武冲阵。
③便兵所处:便于部队进行战斗的处所。
④谨敕:严格地约束。
⑤更战更息:轮番战斗,轮番休息。

译文

武王问太公说:"率军深入敌方境内,遇到森林地带,与敌人各占森林一部分相对峙。我想做到防御就能稳固,进攻就能取胜,应该怎么办?"

太公回答说:"将我军部署为'冲阵',配置在便于作战的地方,弓弩布设在外层,戟盾布设在里层,并斩除草木,广开道路,以便于我军的战斗行动。高高地悬挂旗帜，严格约束全军，不要让敌人了解我军的情况，这就是所说的森林地区作战。森林地带作战的方法是：将我军使用矛戟等兵器的士兵混合编组为战斗分队。如果森林中树木稀疏，就以骑兵辅助作战，并把战车布置在前面，发现有利战机就打，没有发现有利战机就停止行动。如果森林中多是险阻地形，就必须部署为冲阵，以防敌人攻击我军前后。一定要使我军迅猛英勇地战斗，这样，即使敌人众多，也会被我军击败遁逃。我军要轮番作战，轮番休息，各部均按编组行动。这就是森林地带作战的一般原则。"

突战第四十四①

原文

武王问太公曰："敌人深入长驱，侵掠我地，驱我牛马；其三军大至，薄我城下，吾士卒大恐，人民系累②，为敌所虏。吾欲以守则固，以战则胜，为之奈何？"

太公曰："如此者，谓之突兵③，其牛马必不得食，士卒绝粮，暴击而前。令我远邑别军，选其锐士，疾击其后；审其期日，必会于晦④。三军疾战，敌人虽众，其将可虏。"

武王曰："敌人分为三四，或战而侵掠我地，或止而收我牛马，其大军未尽至，而使寇薄我城下，致吾三军恐惧，为之奈何？"

太公曰："谨候敌人未尽至，则设备而待之。去城四里而为垒，金鼓旌旗，皆列而张，别队为伏兵；令我垒上多积强弩，百步一突门⑤，门有行马，车骑居外，勇力锐士隐伏而处。敌人若至，使我轻卒合战而佯走。令我城上立旌旗，击鼙鼓，完为守备。敌人以我为守城，必薄我城下。发吾伏兵，以冲其内，或击其外。三军疾战，或击其前，或击其后。勇者不得斗，轻者不及走。名曰突战⑥。敌人虽众，其将必走。"

武王曰："善哉！"

注释

①突战第四十四：本篇论述了反击敌军突然袭击和诱敌攻城而突袭敌

人的战法。

②系累：拘禁、束缚。

③突兵：突击作战的部队。

④晦：阴历每月的三十日为晦日。此处指无月光的黑夜。

⑤突门：在城墙或垒壁上预先开设的便于部队出击的暗门。一般从内向外挖，外壁留一薄层不挖透。部队出击时，临时将暗门推倒冲出。

⑥突战：突然出击。

译文

武王问太公说："敌人长驱直入，侵掠我土地，抢夺我牛马，他们大军蜂拥而至，迫近城下。我军士兵大为恐惧，民众被拘禁成为俘虏。在这种情形下，我想做到防守能稳固，进行战斗则可取胜，应该怎么办？"

太公回答说："像这类敌军，叫做突袭性的敌军。他们的牛马必定缺少饲料，士卒也肯定没有粮食，所以一味凶猛地向我们进攻。在这种情况下，应命令我远方驻地的其他部队，挑选精锐的士兵，迅速而猛烈地攻击敌人的后方，同时算好会攻的时间，务必使其在夜色昏暗时分与我会合。而后全军迅猛地同敌军交战，即使敌人人数众多，其主将也可被我军俘虏。"

武王又问："如果敌人分为三、四部分，以一部向我进攻以侵掠土地，以另一部暂时驻扎以掠夺我方的牛马财物，其主力尚未完全到达，而使一部分兵力进逼我城下，以至我全军恐惧，应该怎么办才好？"

太公回答说："应该仔细观察情况，乘敌人尚未完全到达之前就完善守备，严阵以待。在离城四里的地方构筑营垒，把金鼓旌旗都布设、张扬起来，并另派一队人马为伏兵。令我方营垒上的部队多集中强弩，每百步设置一个供部队出击的暗门，门前安放拒马等障碍物，战车、骑兵配置在营垒外侧，勇锐士兵隐蔽埋伏起来。敌人如果到来，可先派我轻装部队迎战，随即伴装不敌败退，并令我守军在城上竖立旗帜，敲击鼙鼓，充分做好防守准备。敌人因此将认为我方主力在防守城邑，其军必定进逼到我城下。这时我方应突然出动伏兵，或突击敌军中枢，或攻击敌人的外围。同时再令我全军迅猛出击，奋勇战斗，既攻击敌人的正面，又攻击敌人的后方。使敌人中勇猛的无法战斗，轻快的来不及逃跑。这种战法称为突战。

即使敌人众多，其主将也会战败而逃。"

武王说："讲得很好！"

敌强第四十五①

原文

武王问太公曰："引兵深入诸侯之地，与敌人冲军②相当③，敌众我寡，敌强我弱，敌人夜来，或攻吾左，或攻吾右，三军震动④。吾欲以战则胜，以守则固，为之奈何？"

太公曰："如此者，谓之'震寇'。利以出战，不可以守。选吾材士强弩，车骑为之左右，疾击其前，急攻其后，或击其表，或击其里，其卒必乱，其将必骇。"

武王曰："敌人远遮⑤我前，急攻我后，断我锐兵，绝我材士，吾内外不得相闻，三军扰乱⑥，皆散而走，士卒无斗志，将吏无守心，为之奈何？"

太公曰："明哉！王之问也。当明号审令，出我勇锐冒将之士，人操炬火，二人同鼓，必知敌人所在。或击其表，或击其里，微号⑦相知，令之灭火，鼓音皆止，中外相应，期约皆当，三军疾战，敌必败亡。"

武王曰："善哉！"

注释

①敌强第四十五：本篇主要论述了在敌军处于优势的情况下我军应该如何应战。当敌人夜间突袭我军时，不能消极防御，而应采取以攻对攻的战法。当敌军包围我军，我军形势危急之时，应鼓舞士气并大造声势，弄清敌情后迅猛攻击。这样就可转危为安，反败为胜。

②冲军：担任突击任务的部队。

③相当：相敌，相抵。

④震动：这里指惊恐、害怕。

⑤遮：阻截。

⑥扰乱：混乱。

⑦微号：暗号。

译文

武王问太公说："率领军队深入敌国境内，恰好遭遇上敌人的突击部队，敌众我寡，敌强我弱，敌军趁着夜色前来袭击，有的攻打我军的左翼，有的攻打我军的右翼，致使我军惊恐害怕。我想要作战能够取得胜利，防守能够牢不可破，那应该怎么办呢？"

太公说："这样的敌人叫做'震寇'。对付这种敌人，以出战为利，而不适合选择防守。所以，应该挑选勇武的士卒和强劲的弓弩，以战车、骑兵护卫在他们左右，迅猛攻击敌人的正面，快速攻击敌人的后面，既攻打敌军的外围，又攻打敌军的核心。在这种情况下，敌军士卒必定乱成一团，他们的将帅也必定惊恐害怕，敌人必定被打败。"

武王又问："敌人在远处阻截我军的前方，又急速地进攻我军的后方，同时还截断我军的精锐部队，阻遏我军的勇武之士，使他们无法及时地增援，导致我军前后方失去联系。面临这种情况，全军上下一片混乱，都纷纷脱离队伍各奔东西，士卒丧失了战斗意志，将官也失去了固守的决心，对这样一种状况又该如何处理呢？"

太公说："君王所问的这个问题真是高明啊！在这样的情况下，应该明审号令，出动我军队伍中勇猛精锐的士卒，每人手执火炬，二人同击一鼓，这样就一定能探明敌人所在的位置。然后发起进攻，或攻击敌人的外部，或攻击敌人的内部。攻击时，让部队都佩带暗号，以便互相识别，并命令部队扑灭火炬，停止击鼓。之后来个里应外合，按照事先约定的计划行动。全军迅猛出击，奋勇作战，敌人必然遭到失败。"

武王说："说得好啊！"

敌武第四十六①

原文

武王问太公曰："引兵深入诸侯之地，卒遇敌人，甚众且武，武车骁骑绕我左右，吾三军皆震，走不可止，为之奈何？"

太公曰："如此者，谓之'败兵'。善者以胜，不善者以亡。"

武王曰："用之奈何？"

太公曰："伏我材士强弩，武车骁骑为之左右，常去前后三里，敌人逐我，发我车骑，冲其左右。如此，则敌人扰乱，吾走者自止。"

武王曰："敌人与我车骑相当，敌众我少，敌强我弱，其来整治②精锐，吾陈不敢当③，为之奈何？"

太公曰："选我材士强弩，伏于左右，车骑坚陈而处。敌人过我伏兵，积弩④射其左右，车骑锐兵，疾击其军，或击其前，或击其后，敌人虽众，其将必走。"

武王曰："善哉！"

注释

①敌武第四十六：本篇论述了如何在敌强我弱的情况下打好遭遇战。其要点是将材士强弩埋伏在两侧，并将武车骁骑布设在两翼，先诱敌入伏，再猛烈出击，即可克敌制胜。

②整治：整齐不乱。

③不敢当：难以抵挡。

④积弩：集中弓弩。

译文

武王问太公说："率军深入敌国境内，突然遭遇敌人，敌人人数众多且凶猛，并用厉害的战车和骁勇的骑兵包围我军。我军上下都感到震惊，纷纷逃跑，无法制止。这时该怎么办？"

太公回答道："处于这种境况的军队称为'败兵'。善于用兵的人，可以反败为胜；不善于用兵的人，也可能因此而败亡。"

武王问道："如何处置这种情况呢？"

太公回答道："应该埋伏我军的材士强弩，并把威力大的战车和骁勇的骑兵配置在两翼，伏击地点通常定在距我主力前后约三里的地方。敌人如果来追击，就出动我军的战车和骑兵，攻击其两侧。这样，敌人就会混乱，我方逃跑的士兵也会自动停止逃跑。"

武王问道："敌我双方的战车和骑兵相遇，敌众我寡，敌强我弱。敌人进攻时阵势整齐，士卒精锐。我军虽然与敌对阵而战，却难以抵挡，该怎么办呢？"

太公答道："在这种情况下，应挑选我军的材士强弩，埋伏在两侧，并把战车和骑兵布置成坚固的阵形进行防守。当敌兵通过我军的埋伏立处时，就用密集的强弩射向敌人的两翼，并出动战车和骑兵以及精锐士卒猛烈地攻击敌军，或攻击敌人前方，或攻击其侧后方。这样，即使敌人人数众多，也会被我们打败逃走。"

武王说："好啊！"

鸟云山兵第四十七①

原文

武王问太公曰："引兵深入诸侯之地，遇高山磐石，其上亭亭②，无有草木，四面受敌，吾三军恐惧，士卒迷惑。吾欲以守则固，以战则胜，为之奈何？"

太公曰："凡三军处山之高，则为敌所栖③；处山之下，则为敌所囚。既以被山而处，必为鸟云之陈④。鸟云之陈，阴阳皆备，或屯其阴，或屯其阳。处山之阳，备山之阴；处山之阴，备山之阳；处山之左，备山之右；处山之右，备山之左。其山敌所能陵者⑤，兵备其表，衢道通谷，绝以武车，高置旌旗，谨敕三军，无使敌人知吾之情，是谓山城。行列已定，士卒已陈，法令已行，奇正已设，各置冲陈于山之表，便兵所处，乃分车骑为鸟云之陈。三军疾战，敌人虽众，其将可擒。"

注释

①鸟云山兵第四十七：本篇论述了山地防御的作战方法。其要领是，军队驻扎在山上时，应布成鸟云之阵，严密戒备，使敌人无可乘之机。对敌进行猛烈攻击，即可擒其将领。

②亭亭：山峰高耸的样子。

③栖：鸟类歇宿于树上。此处指为敌所逼不能下来。

④鸟云之陈：如鸟雀之聚散无常，如行云之流定不定，时分时合的

阵形。

⑤陵：攀登。

译文

武王问太公说："率军深入敌国境内，遇到高山巨石，山峰高耸，没有草木，四面受敌。我军因而感到恐惧，士兵迷惑不知所措。我想做到防守则稳固，而进攻就能取胜，应该怎么办呢？"

太公答道："凡是把军队安扎在山顶上，都容易被敌人隔绝孤立。凡是把军队安扎在山麓，就容易被敌人所围困囚禁。既然是在山地作战，那就必须布成乌云之阵。所谓乌云之阵，就是对山南山北等各个方面都要戒备。军队或者驻在山的北面；或者驻扎在山的南面。驻扎在山的南面时，要戒备山的北面；驻扎在山的北面时，要戒备山的南面；驻扎在山的左面时，要注意戒备山的右面；驻扎在山的右面时，要注意戒备山的左面。山上凡是敌人能攀登的地方，都要派兵守备。交通要道和能通行的各地，要用战车加以阻绝。高挂旗帜以便于联络，同时要谨饬整治全军上下，严阵以待，不要让敌人察知我军情况，这样便形成了一个所谓的'山城'。部队的行列已经排定，士卒也已经列阵，军中的法令已经颁行，奇正方略也已经确定。各部队都编成冲阵，配置在山上比较突出的高地上，部置时要考虑到便于军队作战的需要，然后再把战车和骑兵分布成乌云之阵。这样，三军猛烈地同敌人作战，敌人既便人数众多，其将领也可被我军擒获。"

乌云泽兵第四十八①

原文

武王问太公曰："引兵深入诸侯之地，与敌人临水相拒，敌富而众，我贫而寡，逾水击之则不能前，欲久其日则粮食少。吾居斥卤之地②，四旁无邑，又无草木，三军无所掠取，牛马无所刍牧③，为之奈何？"

太公曰："三军无备，牛马无食，士卒无粮，如此者，索便诈敌而亟去之，设伏兵于后。"

武王曰："敌不可得而诈，吾士卒迷惑，敌人越我前后，吾三军败乱而走，为之奈何？"

太公曰："求途之道，金玉为主④，必因敌使，精微为宝⑤。"

武王曰："敌人知我伏兵，大军不肯济，别将分队以逾于水，吾三军大恐，为之奈何？"

太公曰："如此者，分为冲陈，便兵所处，须其毕出，发我伏兵，疾击其后；强弩两旁，射其左右。车骑分为鸟云之陈，备其前后，三军疾战。敌人见我战合，其大军必济水而来，发我伏兵，疾击其后，车骑冲其左右，敌人虽众，其将可走。凡用兵之大要，当敌临战，必（宜）〔置〕冲陈，便兵所处，然后以（军）〔车〕骑分为鸟云之陈，此用兵之奇也。所谓鸟云者，鸟散而云合，变化无穷者也。"

武王曰："善哉！"

注释

①鸟云泽兵第四十八：本篇论述了河川作战的原则和方法。其要领是，在情况不利时要欺敌而撤离，以伏兵断后。敌人渡河追击，则布冲阵和鸟云之陈向其发起猛烈进攻，则敌人必败。

②斥卤之地：盐碱地带。斥，碱。卤，盐。

③刍牧：割草放牧。

④金玉为主：以金玉财宝为欺诱敌人的主要手段。

⑤精微为宝：指谋划或行动时，把细致秘密作为最宝贵的手段。

译文

武王问太公说："率军深入敌国境内，与敌人隔河相对峙，敌人供给充足，兵力众多。我军供给贫乏，兵力不足。我想渡河进攻，却无力前进。我想拖延时日，但粮食缺乏。而且我军处在荒芜贫瘠的盐碱之地，附近既没有城邑又没有草木，军队没有地方可以掠取物资，牛马无处可以放牧。应该怎么办呢？"

太公回答道："军队没有战备，牛马没有饲料，士卒没有粮食，在这种情况下，应当寻找机会，骗过敌人，迅速向别处转移，并在后面埋没伏兵以防敌人追击。"

武王说:"如果敌人不上当,我军士卒迷惑恐惧。敌人进兵至我军前后,我军溃退败逃,应该怎么办?"

太公说:"这时寻求退路的办法是,用金银财宝诱敌人抢夺,同时贿赂敌方使者以了解军情,此事必须精密细致,不使敌人察觉最为重要。"

武王又问:"敌人已侦知我方没有伏兵,大军不肯渡河,另派一支小部队渡河向我方进攻,我全军震忙恐慌,应该怎么办?"

太公答道:"遇到这种情况,我军应部置为四武冲阵,配置在便于作战的地方,待敌军全部渡河后,出动我方伏兵,猛烈攻击敌人后方,强弩从两旁射向敌人左右。同时我军把战车和骑兵列成鸟云之阵,在前后机动戒备,然后全军发起猛烈攻击。敌人发现我军与他的小部队交战,其大军势必会渡河前来,此时可出动我方伏兵,猛烈攻击其大军侧后,并用战军和骑兵冲击敌军两翼。这样,敌人即使众多,也会被我打败。大凡用兵,其基本原则是,当与敌对阵面临作战时,必须设置冲阵,把它部署在便于作战的地方,然后再将战车和骑兵布成鸟云之阵,这就是出奇制胜的方法。所谓鸟云,就是像鸟散云合那样,灵活机动,变化无穷。"

武王说:"好啊!"

少众第四十九①

原文

武王问太公曰:"吾欲以少击众,以弱击强,为之奈何?"

太公曰:"以少击众者,必以日之暮,伏于深草,要之隘路;以弱击强者,必得大国(而)〔之〕与,邻国之助。"

武王曰:"我无深草,又无隘路,敌人已至,不适日暮;我无大国之与,又无邻国之助,为之奈何?"

太公曰:"妄张②诈诱,以荧惑其将,迁其道,令过深草,远其路,令会日(路)〔暮〕,前行未渡水,后行未及舍。发我伏兵,疾击其左右,车骑扰乱其前后,敌人虽众,其将可走。事大国之君,下邻国之士,厚其币,卑其辞。如此,则得大国之与,邻国之助矣。"

武王曰："善哉！"

注释

①少众第四十九：本篇记述了以少击众，以弱胜强的方法。以少击众要善于利用夜暗、草深、路隘等条件，通过伏击、截击消灭敌人。以弱击强则要注重得到大国的支持、邻国的支援。

②妄张：虚张声势。

译文

武王问太公说："我想要以少击众，以弱击强，那该怎么办呢？"

太公答道："要以少击众，必须利用日暮昏暗之际，把军队埋伏在杂草丛生的地带，在险隘的道路上截击敌人。要以弱击强，就必须得到大国的支持，邻国的支援。"

武王又问："如果我方没有深草地带可供设伏，又没有狭隘道路可以利用，敌人大军到达时正巧又不在日暮时分。我方既没有大国的支持，又没有邻国的支援，那该怎么办呢？"

太公回答道："应当虚张声势，用引诱欺骗等手段来迷惑敌将。诱使敌人迂回前进，使其必定经过深草地带。引诱敌人走远路，耽误时间，使得他们正好在日暮时分同我军交战。要乘敌人的先头部队尚未完全渡水，后续部队还来不及宿营的有利时机，出动我方伏击部队，猛烈地攻击敌人两翼，同时令我方的战车和骑兵扰乱敌人的前后方。这样，即使敌人众多，也会被我们打败。要恭敬事奉大国的君主，礼遇下交邻国的贤士，多送金钱，言辞谦逊，这样，就会得到大国的支持，邻国的援助了。"

分险第五十①

原文

武王问太公曰："引兵深入诸侯之地，与敌相遇于险阨②之中，吾左山而右水，敌右山而左水，与我分险相拒，各欲以守则固，以战则胜，为之奈何？"

太公曰："处山之左，急备山之右；处山之右，急备山之左。险有大水无舟楫者，以天潢济吾三军。已济者，亟广吾道，以便战所。以武冲为前后，列其强弩，令行陈皆固。衢道谷口，以武冲绝之，高置旌旗，是谓车城。凡险战③之法，以武冲为前，大橹为卫，材士强弩翼吾左右。三千人为屯，必置冲陈，便兵所处。左军以左，右军以右，中军以中，并攻而前。已战者还归屯所，更战更息，必胜乃已。"

武王曰："善哉！"

注释

①分险第五十：本篇论述了在险隘地带的作战方法。要领是以武冲战车和大盾牌为前置，材士强弩保障两翼，左右中三军齐头并进，即可取胜。

②阨：险隘。

③险战：险隘地带的战斗。

译文

武王问太公说："率军深入敌国境内，同敌人相遇在险隘的地带，我军所在的地形是左依山丘右临水泽，而敌军右傍山丘左临水泽，敌我双方各据险要，相互对峙。在这种情况下，双方都想做到防守则稳固，进攻则可取胜，应该怎么办呢？"

太公回答道："当我军占领山的左侧时，应迅速戒备山的右侧。占领山的右侧时，应迅速戒备山的左侧。险要地区的大江大河，如果找不到船只，就用天潢等器械将我军渡过去。已经渡过江河的先头部队，要迅速开辟道路、抢占有利地形，以便我军作战。要用武冲战车掩护我军前后，布列强弩，以使我军行列和阵形稳固。对交通要道和山谷谷口，要用武冲战车加以阻绝，并高挂旗帜，这样就构成了一座车城。大凡险要地带作战的方法是，把武冲战车配置在前，以大盾牌为防护，用材士强弩保障左右两翼。每三千人为一屯，编成进攻性的冲阵，配置在便于作战的地形上。战斗时，左军用于左翼，右军用于右翼，中军用于中央，三军并肩作战，向前推进。已战斗的部队回到原驻地休整，未战斗过的部队依次投入战斗，轮番作战，轮番休息，一直取得胜利为止。"

武王说："好啊！"

卷六　犬韬

分合第五十一①

原文

武王问太公曰："王者帅师，三军分为数处，将欲期会合战，约誓②赏罚，为之奈何？"

太公曰："凡用兵之法，三军之众，必有分合之变。其大将先定战地、战日，然后移檄书③与诸将吏，期攻城围邑，各会④其所，明告战日，漏刻⑤有时。大将设营布陈⑥，立表⑦辕门⑧，清道而待。诸将吏至者，校⑨其先后，先期而至者赏，后期而至者斩。如此则远近奔集，三军俱至，并力合战。"

注释

①分合第五十一：本篇阐明会聚三军共同作战的具体方式。

②誓：古代告诫将士的言辞。

③檄：古代用来征召、声讨的文书。

④会：会合。

⑤漏刻：古代的计时器。

⑥陈：通"阵"。

⑦表：古代测量日影以计时的标杆。

⑧辕门：军营正门。

⑨校：核对，比较。

译文

武王问太公说："君王率领军队，三军分散在几个地方，想按期集合，会同作战，告诫将士赏罚条令，该怎么做？"

太公说："但凡用兵的法则，由于三军人数众多，必定有分合的变动。率军大将事先确定战斗的地点、作战的时间，然后下达文书给部下各将佐，约定进攻包围的城邑，各自会聚在一定的地方，明确地告知战斗的日期，军队到达的时间。然后，大将设立营帐，布陈阵式，在辕门竖立木杆，观日影记时，清理道路，等待各将吏的到来。各将吏到来的，核定到来的先后，在约定时间之前到来的，给以奖赏，在约定时间之后到来的，斩首。采用这样的措施，不论远近就会赶来集合，三军都到了，共同努力，会同作战。"

武锋第五十二①

原文

武王问太公曰："凡用兵之要，必有武车、骁骑②、驰陈选锋，见③可则击之。如何则可击？"

太公曰："夫欲击者，当审察敌人十四变。变见则击之，敌人必败。"

武王曰："十四变可得闻乎？"

太公曰："敌人新集可击，人马未食可击，天时不顺可击，地形未得可击，奔走可击，不戒可击，疲劳可击，将离士卒可击，涉长路可击，济水可击，不暇可击，阻难狭路可击，乱行可击，心怖可击。"

注释

①武锋第五十二：本篇指出在敌方出现十四情况时，可以发起攻击，阐明了攻击的最好时机。

②骁骑：骑，骑兵。骁骑，猛勇矫健的骑兵。

③见：同"现"。

译文

武王问太公说："用兵的要领，就是要有战车、骁骑、冲锋陷阵的精锐军队，发现机会，就发起攻击。那么，怎样的机会才可以发起攻击呢？"

太公说:"想要攻击敌人,应当仔细周密地察明敌方的十四种情况,这些情况出现了,就攻击敌方,敌人必定失败。"

武王问:"十四种情况是怎样的,可以说来听听吗?"

太公说:"敌人刚刚集结,可以发起攻击;敌方人马没有进食,可以发起攻击;敌方天时不顺,可以发起攻击;敌方未占据有利地形,可以发起攻击;敌方正在奔跑,可以发起攻击;敌人没有戒备,可以发起攻击;敌人疲劳、可以发起攻击;敌方将帅离开自己的士卒,可以发起攻击;敌人长途跋涉,可以发起攻击;敌人正在渡河,可以发起攻击;敌方忙乱时,可以发起攻击;敌人通过险阻狭路过,可以发起攻击;敌方行列不整时,可以发起攻击,敌人军心恐怖;可以发起攻击。"

练士第五十三①

原文

武王问太公曰:"练②士之道奈何?"

太公曰:"军中有大勇、敢死、乐伤者,聚为一卒③,名曰冒刃之士;有锐气壮勇强暴者,聚为一卒,名曰陷阵之士;有奇表长剑、接武④齐列者,聚为一卒,名曰勇锐之士;有拔距伸钩⑤、强梁多力、溃破金鼓⑥、绝灭旌旗者,聚为一卒,名曰勇力之士;有逾高绝远、轻足善走者,聚为一卒,名曰寇兵之士;有王臣失势,欲复见功者,聚为一卒,名曰死斗之士;有死将之人子弟,欲与其将报仇者,聚为一卒,名曰敢死之士;有赘婿人虏,欲掩迹扬名者,聚为一卒,名曰励钝之士;有贫穷愤怒、欲快其心者,聚为一卒,名曰必死之士;有胥靡⑦免罪之人,欲逃其耻者,聚为一卒,名曰幸用之士;有材技兼人,能负重致远者,聚为一卒,名曰待命之士。此军之练士,不可不察也。"

注释

①练士第五十三:本篇阐明了选编士卒,要依据军中士卒不同的特点来编队的方法。

②练:通"拣",挑选。

③卒：春秋时军队组织，一百人为卒。

④武：脚印。

⑤拔距：古代一种类似今天拔河的一种运动，伸钩：把弯钩拉直。

⑥金鼓：军中用器。金，指金钲，用以止众，鼓用以进众，执金鼓即可号令三军。

⑦胥靡：刑犯囚徒。

译文

武王问太公说："选编士卒的方法是怎样的呢？"

太公说："军中勇气非凡，不畏死伤的，编聚为一卒，叫做'冒刃之士'；锐气十足、强壮猛鸷的，编聚为一卒，叫做'陷阵之士'；长像特异、善使长剑、步履操练整齐的，编聚为一卒，叫做'勇锐之士'；力大强悍，能溃金破鼓、砍断敌方旌旗的，编聚为一卒，叫做'勇力之士'；能翻山越岭、长途跋涉，腿快善于奔走的，编聚为一卒，叫做'寇兵之士'；曾为王公大臣而令失势，想要重建功勋的，编聚为一卒，叫做'死斗之士'；为阵亡将帅后代，想替先辈报仇的，编聚为一卒，叫'敢死之士'；曾入赘为婿，或曾被俘虏，想遮掩而重新扬名的，编聚为一卒，叫做'励钝之士'；因贫穷而愤怒，想使自己快乐起来的，编聚为一卒，叫做'必死之士'；免罪的犯人，想避其耻辱的，编聚为一卒，叫做'幸用之士'；才技过人，能委以重任成就远大目标的，编聚为一卒，叫做'待命之士'。这就是选编士卒的方法，不能不仔细考察。"

教战第五十四①

原文

武王问太公曰："合三军之众，欲令士卒练士，教战之道奈何？"

太公曰："凡领三军，有金鼓②之节，所以整齐士众者也。将必先明告吏士，申之以三令，以教操兵起居，旌旗指麾之变法。故教吏士，使一人学战，教成，合之十人；十人学战，教成，合之百人；百人学战，教成，合之千人；千人学战，教成，合之万人；万人学战，教成，合之三军之众；大战之法，教成，合之百万之众。故能成其大兵，立威于天下。"

武王曰："善哉！"

注释

①教战第五十四：本篇阐明操练三军要从少到多，循序渐进，按部就班，就能训练出战斗动作整齐一致的强大军队。

②金鼓：古代挥指战斗，鸣金为收兵，击鼓为进攻。金，金钲。

译文

武王问太公说："聚合三军，操练士卒，教他们作战的方法，该如何进行？"

太公说："但凡统领三军，用鸣金擂鼓来指挥进退，这是用来使士卒行动整齐一致的。将帅必须先行明确地告知下属将佐，并且多次申明相关的命令，然后教习操练战斗动作以及根据旗帜指挥信号的变化而采用相应行动的方法。所以，先教下级将佐进行单兵操练，教成之后，再十人合练；十人操练成功，再百人合练；百人操练成功，再千人合练；千人操练成功，再万人合练；万人操练成功，再三军合练；进行大战的训练，操练成功，就可聚合百万之众进行操练。这样就能组织起强大的军队，立威于天下。"

武王说："好啊！"

均兵第五十五①

原文

武王问太公曰："以车与步卒战，一车当几步卒？几步卒当一车？以骑与步卒战，一骑当几步卒？几步卒当一骑？以车与骑战，一车当几骑？几骑当一车？"

太公曰："车者，军之羽翼也，所以陷坚陈，要②强敌，遮走北也③。骑者，军之伺候也④，所以踵败军，绝粮道，击便⑤寇也。故车骑不敌战，则一骑不能当步卒一人。三军之众，成陈而相当，则易⑥战之法，一车当步卒八十人，八十人当一车，一骑当步卒八人，八人当一骑，一车当十骑，十骑当一车。险战之法，一车当步卒四十人，四十人当一车，一骑当步卒四人，四人当一骑，一车当六骑，六骑当一（卒）〔车〕。夫车骑者，军之武兵也，十乘败千人，百乘败万人；十骑败百人，百骑走千人。此其大数也。"

武王曰："车骑之吏数、陈法奈何？"

太公曰："置车之吏数，五车一长，十车一吏，五十车一率，百车一将。易战之法：五车为列，相去四十步，左右十步，队间六十步。险战之法：车必循道，十车为聚，二十车为屯，前后相去二十步，左右六步，队间三十六步；五车一长，纵横相去二里，各返故道。置骑之吏数：五骑一长，十骑一吏，百骑一率，二百骑一将。易战之法：五骑为列，前后相去二十步，左右四步，队间五十步。险战者：前后相去十步，左右二步，队间二十五步。三十骑为一屯，六十骑为一辈；十骑一吏，纵横相去百步，周环各复故处。"

武王曰："善哉！"

注释

①均兵第五十五：本篇指明要根据车、骑、卒诸兵种不同的战斗任务，据此进行恰当的配合，就能产生最佳的战斗效果。并阐明了各兵种的战斗力对比，以及车、骑军官的配置和布阵之法则。

②要：通"腰"，引申为拦截。

③北：败北，打败仗。

④伺候：侦察，侦候。

⑤便：安逸，此指放松警戒。

⑥易：此指稳妥，与下文之"险"，即冒险相对。

译文

武王问太公说："以战车与步兵作战，一辆战车能抵挡几名步兵？多少步兵能抵挡一辆战车？以骑兵与步兵作战，一名骑兵能抵挡几名步兵？多少名步兵能抵挡一名骑兵？以战车与骑兵作战，一辆战车能抵挡几名骑兵？几名骑兵能抵挡一辆战车？"

太公说:"战车,是军队的羽翼,用来攻陷坚固的阵地,拦截强敌,堵住败北逃跑的敌人。骑兵,是军队的侦察和尖兵,用来追击败兵,断绝粮道,袭击放松警戒的敌兵。所以战车和骑兵运用不当,一名骑兵还不能抵挡一名步兵。三军的诸兵种,布列成阵势,车、骑、步卒配合得当那么稳妥的战法是,一辆战车可抵挡步兵八十人,八十名步兵可抵挡一辆战车,一名骑兵可抵挡步兵八人,八名步兵抵挡一名骑兵,一辆战车能抵挡十名骑兵,十名骑兵抵挡一辆战车。冒险的战法是,一辆战车抵挡步兵四十人,四十名步兵抵挡一辆战车,一名骑兵抵挡步兵四人,四名步兵抵挡一名骑兵,一辆战车抵挡六名骑兵,六名骑兵抵挡一辆战车。战车骑兵,是军队的精兵,十辆战车可以打败千人,百辆战车可以打败万人;十名骑兵可以打败百人,百名骑兵可以赶跑千人。这些只是一个大概的数字。"

武王问:"战车和骑兵的军官数量怎么配置,阵法怎么布列?"

太公说:"配置战车的军官数量为:五辆战车设置一长,十辆战车设置一吏,五十辆战车设置一率,百辆战车,设置一将。稳妥作战的布阵方法是:五辆战车为一列,首尾相距四十步,左右间距十步,每队间距六十步。冒险作战的布阵方法是:战车必须沿道路前进,十辆战车为一聚,二十辆战车为一屯,每辆战车间距二十步,左右六步,队间相距三十六步;五辆战车设一长,活动范围是前后左右各两里,出巡之后,按原路返回。配置骑兵的军官数量为:五名骑兵设一长,十名骑兵设一吏,百名骑兵设一率,二百名骑兵设一将。稳妥的作战布阵为:五名骑兵为一列,首尾相距二十步,左右间距四步,队间相距五十步。冒险的作战布阵为:前后相距十步,左右间距二步,队间相距二十五步。三十名骑兵为一屯,六十名骑兵为一辈;十名骑兵设一吏,其活动范围前后左右各为百步,来回往复,按原路巡视。"

武王说:"好啊!"

武车士第五十六①

 原文

武王问太公曰:"选车士奈何?"

太公曰："选车士之法，取年四十已下，长七尺②五寸已上，走能逐奔马，及驰而乘之；前后、左右、上下周旋，能束缚旌旗；力能彀③八石④弩，射前后左右，皆便习者，名曰武车之士，不可不厚也。"

注释

①武车士第五十六：本篇阐明选择战车武士的具体标准。

②尺：周代时，各长度单位都以人体的部位为准则。一般都比现在的长度单位短。

③彀：把弓拉满。

④石：重量单位，一百二十斤为一石。

译文

武王问太公说："怎样选拔战车上的武士呢？"

太公说："选拔战车武士的标准是：选取年龄在四十以下，身长七尺五寸以上，跑能追上奔走的马，赶上正在行驰的战车而跳上去；在战车上，能前后、左右、上下周转自如地战斗，能牢牢地执掌大旗；力能拉开八石的强弓，能娴熟地射向前后左右之敌的人，才称得上优秀的战车武士，给他们的待遇不可不优厚。"

武骑士第五十七①

原文

武王问太公曰："选骑士奈何？"

太公曰："选骑士之法，取年四十已下，长七尺②五寸已上；壮健捷疾，超绝伦等；能驰骑彀射③，前后、左右、周旋进退；越沟堑，登兵陵，冒险阻，绝大泽，驰强敌④，乱大众者。名曰武骑之士，不可不厚也。"

注释

①武骑士第五十七：本篇指出选拔优秀骑士的具体标准。

②尺：见前篇注②。

③縠：见前篇注③。

④驰：追逐。

译文

武王问太公说："怎样选拔骑士呢？"

太公说："选拔骑士的标准是：选取年龄在四十以下，身长七尺五寸以上，身强力壮，行动矫健敏捷，超过常人，能骑马奔驰，在马上拉弓射箭，能灵活地应战前后左右之敌，进退自如，能策马跨沟堑，登丘陵，冒险阻，过大水，追强敌，扰乱众多敌军的人，可称之为勇猛的骑士，对这样的人，不可不给予优厚的待遇。"

战车第五十八①

原文

武王问太公曰："战车奈何？"

太公曰："步贵知变动，车贵知地形，骑贵知别径奇道，三军同名而异用也。凡车之死地②有十，其胜地有八。"

武王曰："十死之地奈何？"

太公曰："往而无以还者，车之死地也。越绝险阻，乘敌远行者，车之竭地也。前易后险者，车之困地也。陷之险阻而难出者，车之绝地也。圮下渐泽③，黑土粘埴者④，车之劳地也。左险右易，上陵仰阪者⑤，车之逆地也。殷草横亩，犯历深泽者，车之拂地也。车少地，易，与步不敌者，车之败地也。后有沟渎，左有深水，右有峻阪者，车之坏地也。日夜霖雨⑥，旬日不止，道路溃陷，前不能进，后不能解者，车之陷地也。此十者，车之死地也。故拙将之所以见擒，明将之所以能避也。"

武王曰："八胜之地奈何？"

太公曰："敌之前后，行陈未定，即陷之⑦。旌旗扰乱，人马数动，即陷之。士卒或前或后，或左或右，即陷之。陈不坚固，士卒前后相顾，即陷之。前往而疑，后恐而怯，即陷之。三军卒惊，皆薄⑧而起，即陷之。战于易地，暮不能解，即陷之。远行而暮舍，三军恐惧，即陷之。此八者，车之胜地也。将明于十害、八胜，敌虽围周，千乘⑨万骑前驱旁驰，万战必胜。"

武王曰："善哉！"

🌫 注释

①战车第五十八：本篇依据"车贵知地形"的车战特点，阐明了兵车作战的十种不利地形和八种有利战机，说明将能避害趋利，就"万战必胜"。

②死地：此指不利地形。

③圮下渐泽：指土毁下倾，积水成水洼池沼的地形。圮：毁坏。下：下倾，低下。渐：浸水。泽：洼地，池沼。

④粘埴：粘土。

⑤陂：山坡。

⑥霖雨：连续不停的雨。

⑦陷：攻破。

⑧薄：靠近。

⑨乘：兵车数量单位，此指兵车。

🌫 译文

武王问太公说："怎样进行车战呢？"

太公说："步兵作战，贵在把握战机的变化；兵车作战，贵在掌握地形；骑兵作战，贵在了解歪道捷径，步、车、骑名称同为三军，但其作用并不一样。兵车作战有十种'死地'，八种胜地。"

武王问："十种死地是怎么一回事？"

太公说："能去而无法退回的，是车战的死地；翻越险阻，长途追击敌人的，是车战的竭地；前易后险，是车战的困地；陷落在险阻之中难以出来的，是车战的绝地；坍毁低下浸水池沼、黏土难行的，是车战的劳地；左面险阻右面易行，要向上爬坡的，是车战的逆地；杂草丛生，要越过深水大泽的，是车战的拂地；兵车少而又战场平坦，与步兵配合不相当的，是车战的败地；后有沟渠，左有深水，右有高坡的，是车战的坏地；

日夜连续下雨，多日不停，道路毁坏陷塌，前不能进，后不能退的，是车战的陷地。这十项，就是车战的死地。愚蠢的将领之所以被俘，就是不知道避开这十死之地，聪明的将领正是由于能够避开这十死之地。"

武王问："八胜之地是怎么回事呢？"

太公说："敌人的前后行阵没有布定，出动战车就能攻破它；敌人旗帜纷乱，人马调动频繁，出动战车就能攻破它；敌方士卒或前或后，或左或右，杂乱无章，出动战车就能攻破它；敌阵不坚固，士卒前后观望，出动战车就能攻破它；敌人前进时犹疑不决，后退又感到恐惧，进退间，举棋不定，出动战车就能攻破它；敌方全军惊恐，挤成一团，出动战车就能攻破它；在平坦的战场作战，时至日落还未结束战斗，出动战车就能攻破它；敌军长途行军，到日落才安营下寨，全军恐慌，出动战车就能攻破它。此八项，是车之胜地。将帅明白这车战的'十舍''八胜'，敌人纵然四面包围，出动千辆战车，万名骑士，正前突击两侧进攻，我方也每战必胜。"

武王说："说得好啊！"

战骑第五十九①

 原文

武王问太公曰："战骑奈何？"

太公曰："骑有十胜九败。"

武王曰："十胜奈何？"

太公曰："敌人始至，行陈未定，前后不属②，陷其前骑，击其左右，敌人必走；敌人行陈整齐坚固，士卒欲斗，吾骑翼而勿去，或驰而往，或驰而来，其疾如风，其暴如雷，白昼如昏，数更旌旗，变易衣服，其军可克；敌人行陈不固，士卒不斗，薄③其前后，猎其左右，翼而击之，敌人必惧；敌人暮欲归舍，三军恐骇，翼其两旁，疾击其后，薄其垒口，无使得入，敌人必败；敌人无险阻保固，深入长驱，绝其粮路，敌人必饥；地平而易，四面见敌，车骑陷之，敌人必乱；敌人奔走，士卒散乱，或翼其两旁，或掩其前后，其将可擒；敌人暮返，其兵甚众，其行陈必乱，令我骑十而为队，百而为屯，车五而为聚，十而为群，多设旌旗，杂以强弩，或击其两旁，或绝其前后，敌将可虏。此骑之十胜也。"

武王曰："九败奈何？"

太公曰："凡以骑陷敌，而不能破陈，敌人佯走，以车骑返击我后，此骑之败地也；追北④逾险，长驱不止，敌人伏我两旁，又绝我后，此骑之围地也；往而无以返，入而无以出，是谓陷于天井，顿于地穴，此骑之死地也；所从入者隘，所从出者远，彼弱可以击我强，彼寡可以击我众，此骑之没地也；大涧深谷，翳秽林木，此骑之竭地也；左右有水，前有大阜，后有高山，三军战于两水之间，敌居表里⑤，此骑之艰地也；敌人绝我粮道，往而无以返，此骑之困地也；污下沮泽⑥，进退渐洳⑦，此骑之患地也；左有深沟，右有坑阜，高下如平地，进退诱敌，此骑之陷地也。此九者，骑之死地也。明将之所以远避，暗将之所以陷败也。"

注释

①战骑第五十九：本篇阐明骑战取胜的十种有利战机和致败的九种不利地形。主将明察利弊，是骑战胜负的关键。

②属：联系，连络。

③薄：逼近。

④北：败逃。

⑤表里：意即"表里山河"，原指晋国外河内山，形势险要，一面依山，一面临河。此指有利地势。

⑥沮泽：水草丛聚之处。

⑦渐洳：即"沮洳"，指地低湿。

译文

武王问太公说："骑兵作战是怎样的？"

太公说："骑兵作战有'十胜''九败'。"

武王问："'十胜'是哪些？"

太公说："敌人刚到，行阵没有布定，前后没有联系上，那么攻破敌人的先头骑兵，袭击敌人的左右侧，敌人必定败逃；敌人行阵整齐坚固，士卒斗志旺盛，那么，我方骑兵从侧翼拖住敌人，时而奔驰而去，时而奔驰而来，来往快疾如风，实施突击则猛烈如雷霆，从白天到黄昏，经常变更旌旗、服装，这样做，就可战胜敌人；敌人行阵不坚固，士卒缺乏斗志，那么，我方骑兵逼近敌军的前后，从左右两侧发动攻击，敌军必定感到恐惧；敌人日落黄昏时想收兵回营，全军心怀畏惧，那么，我方骑兵窥视在敌军两侧，快速地袭击敌军后卫，逼近敌军营垒的入口，不让他们撤回，敌人必败；敌人没有险阻可依凭，行阵不坚固，那么，我方骑士长驱直入，断绝敌人的粮道，敌人必定饥饿；战场地势平坦无险，毫无隐蔽，四面都可以见到敌兵，那么我方车骑联合进攻，敌人必乱；敌人奔逃，士卒散乱，那么我方骑兵或者从侧翼攻击，或者从前后袭击，敌军将帅就可生擒；敌人黄昏返回，士卒很多，他们的行阵必定混乱，那么，令我方骑兵十人编为一队，百人编为一屯，兵车五辆编为一聚，十辆编为一群，多插旌旗，配备强弓，或者攻击敌军两侧，或者堵截敌军前后，敌将可以抓获。这就是骑战的‘十胜’之法。”

武王问：“‘九败’是怎样的呢？”

太公说：“以骑兵攻击敌人，而不能攻破敌阵，敌人假装逃走，却以兵车骑兵返回袭击我军后方，这是骑战的败地；追逐败兵，翻越险阻，直追不舍，敌人就会埋伏在我军两侧，并断我后路，这是骑战的围地；去而无法返回，进而无法出来，这叫做陷入天井，困于地穴，这是骑战的死地；进人之处狭隘，回归之路遥远，敌人就可以以弱击强，以寡击众，这是骑战的没地；大涧深谷，林木繁盛杂乱，骑兵难以活动，这是骑战的竭地；左右有水，前有高大土坡，后有崇山峻岭，三军在两条河中间战斗，而敌方占据有利地势，这是骑战的艰地；敌人断绝我方粮道，我军去而无法返回，这是骑战的困地；泥泞低洼，沼泽遍布，进退艰难，这是骑战的患地；左有深沟，右有坑洼高坡，高高低低，坑坑洼洼，看上去却好像平地，自己的进退，都会招来敌人的攻击，这是骑战的陷地。这九项，就是骑战的死地。这些正是高明的将帅远避的，也正是愚蠢的将帅所以失败的原因。”

战步第六十①

 原文

武王问太公曰："步兵〔与〕车骑战奈何？"

太公曰："步兵与车骑战者，必依丘陵险阻，长兵强弩居前，短兵弱弩居后，更发更止。敌之车骑，虽众而至，坚陈疾战，材士强弩，以备我后。"

武王曰："吾无丘陵，又无险阻，敌人之至，既众且武，车骑翼我两旁，猎我前后，吾三军恐怖，乱败而走，为之奈何？"

太公曰："令我士卒为行马②、木蒺藜，置牛马队伍，为四武冲陈。望敌车骑将来，均置蒺藜，掘地匝后，广深五尺，名曰'命笼'。人操行马进（步）〔退〕③，阑车以为垒，推而前后，立而为屯，材士强弩，备我左右。然后令我三军，皆疾战而不解④。"

武王曰："善哉！"

 注释

①战步第六十：本篇阐明了步兵与战车、骑兵作战的一般战法，又阐明了步兵在非常情况下的应急措施。

②行马：军事上的一种防御武器。类似用交叉木条制搁阻人马通行的木栅。

③进退：底本为"进步"，疑有误，据《武经七书讲义》校改。

④解：通"懈"，松懈，松弛。

 译文

武王问太公说："步兵与战车、骑兵的作战方法是怎样的？"

太公说："步兵与战车、骑兵作战，必须依托丘陵险阻，长兵器和强弩配置在前面，短兵器和弱弩配置在后面，轮番出击，更换休整。即使敌人的兵车骑士大批到达，我方则布下坚固的阵式，快速出击，并且以精兵猛将和强弩戒备在后方。"

武王问："如果我方既无丘陵，又无险阻作为依托，进攻而来的敌人又多又凶猛，以战车骑兵攻击我方两侧，又攻击我方前后，我军军心恐怖，溃乱奔逃，面对这种情形该怎么办呢？"

太公说："命令我方士卒制作行马、木蒺藜等阻障器材，集中牛马，编成队伍，结成'四武冲阵'。远远看到敌方战车骑士将要到来，遍置蒺藜，四周挖掘壕堑，宽深各五尺，名叫'命笼'。让人牵着马匹进退，把坏车组接成临时的营垒。推动它们就前后移动，停止下来，就成为营寨，安排精兵猛将强弩，警戒在左右。然后号命三军，冲锋陷阵不得懈怠。"

武王说："说得好啊！"

鬼谷子

捭阖第一

　　捭阖的本义是开合。捭就是拨动，阖就是闭藏。《鬼谷子》认为一开一合是事物发展变化的普遍规律，是掌握事物的关键。纵横家以开合之道作为权变的根据，并且运用在其游说术中。在与人交谈时，或者拨动游说，或者闭藏观变。游说时拨动对方，即捭之，是为了让对方实力和计谋全部暴露出来，以便正确地估量和判断对方，了解实情，据以说而服之；有时要适当闭藏，即阖之，这是为进一步说服对方而施展的手段。

原文

　　粤①若稽②古，圣人③之在天地间也，为众生④之先⑤。观阴阳⑥之开阖⑦以命物⑧，知存亡之门户⑨，筹策⑩万类⑪之终始，达⑫人心之理，见⑬变化之朕⑭焉，而守司⑮其门户⑯。故圣人之在天下也，自古至今，其道一也⑰。变化无穷，各有所归⑱。或阴或阳，或柔或刚，或开或闭，或弛或张⑲。

注释

　　①粤：发语词，用于句首，无实义。《尚书·尧典》："粤若稽古帝尧，曰放勋。"

　　②稽：考察。《易经·系辞下》："于稽其类，其衰世之意邪？"

　　③圣人：指人格品德最高的人。《易经·乾·文言》："圣人作而万物

观。"陶弘景注云："若顺稽考也，圣人在天地间观人设教，必须考古道而为之。"

④众生：泛指有生命者，这里指平民大众。

⑤先：先导。《管子·形势》："道民之门，在上之所先。"陶弘景注云："首出万物以前，人用先知觉后知，用先觉觉后觉，故为众生先。"

⑥阴阳：古人认为万事万物均源于阴阳二气，阴阳之气相辅相成促进事物的运动发展。如天、昼、明、上、君、男，是属于阳气的，地、夜、暗、下、臣、女，是属于阴气的。

⑦阖：关闭、闭合。《易经·系辞上》："一阖一辟谓之变。"

⑧命物：判断事物并命名。陶弘景注云："阳开以生物，阴阖以成物。生成既著，须立名以命之也。"本句意为观察阴和阳两类事物的展露和闭合来判断事物，并采取相应的行动。

⑨门户：房屋出入之处，这里指关键之处。此句指如何生及如何死的关键或道理。陶弘景注云："不亡亡者存，有其存者亡。能知吉凶之先见者，其惟知机乎！"

⑩筹策：原为古代计算用具，这里指谋划。《史记·孙子传》："孙子筹策庞涓明矣，然不能蚤救患于被刑。"《老子》："善计不用筹策，善闭无关楗而不可开。"

⑪万类：泛指天下万事万物，一切东西。

⑫达：通达。

⑬见：发现。

⑭朕：征兆、形迹。《庄子·应帝王》："体尽无穷，而游无朕。"陶弘景释本句云："万类终始，人心之理，变化朕迹，莫不朗然无悟，而无幽不测，故能筹策达见焉。"

⑮守司：主持、掌管。

⑯门户：即上文所说"存亡之门户"。本句意为把握住存亡的关键。陶弘景注云："司，主守也。门户，即上存亡之门户也。圣人既达物理终始，知存亡之门户，能守而司之，令其背亡而趣存也。"

⑰其道一也：本句意指一切圣人的法则只有一个，那就是救亡图存。陶弘景注："莫不背亡而趣存，故曰'其道一'也。"

⑱各有所归：本句意为世间万物的发展都有一定的规律，任何事物都

有自己的归宿。归，结局、归宿。《管子》："异趣而同归，古今一也。"陶
注云："其道虽一，行之不同，故曰变化无穷，然有条而不紊，故曰各有
所归也。"

⑲阴、阳、柔、刚、开、闭、弛、张：分别指事物所处的不同状态及
表现，因此，应采用相应行动。陶弘景注云："此二者法象各异，施教
不同。"

译文

考察过去的历史，生存在天地之间的圣人是芸芸众生的先导。观察阴
和阳两类事物的开合变化以判断事物，了解生存和死亡的关键，筹划万事
万物从开始到结束的发展过程，通达人们思想变化的规律，发现引起事物
变化的征兆，从而把握事物变化的关键。所以圣人在人世间，从古至今，
他们的行为准则是一致的。虽然事物的变化没有止境，但是他们最终都各
有自己的归宿；或者是阴气或者是阳气，或者是柔弱或者是刚强，或者是
开启或者是闭合，或者是松弛或者是紧张。

原文

是故圣人一守司其门户，审察其所先后①，度权量能②，校③其伎巧④
短长。夫贤、不肖、智、愚、勇、怯、仁义，有差⑤。乃可捭⑥，乃可
阖⑦；乃可进，乃可退；乃可贱，乃可贵；无为以牧之⑧。审定有无以其
实虚⑨，随其嗜欲⑩以见其志意，微排其所言，而捭反之，以求其实，贵
得其指⑪，阖而捭之⑫，以求其利⑬。或开而示之⑭，或阖而闭之⑮。开而
示之者，同其情也；阖而闭之者，异其诚也。可与不可，审明其计谋⑯，
以原其同异⑰。离合⑱有守⑲，先从其志⑳。

注释

①审察其所先后：进行调查判断，使应该先的东西居先，应该后的东
西居后。陶弘景注云："政教虽殊，至于守司门户则一，故审察其所宜先
者，先行；所宜后者，后行。"

②度权量能：测度权变、能力之大小优劣。陶弘景注云："权谓权谋，

能谓材能。"

③校：考核、比较。

④伎巧：即技巧。陶弘景注云："言圣人之用人，必量度其谋能之优劣，校考其伎巧之长短，然后因材而用。"

⑤差：差别。《史记·礼书》："长少有差。"

⑥捭：分开。捭，拨动也。

⑦阖：关闭。捭阖术是本篇的要旨。捭，即开也，启动对方敞开心扉，推动一切具有积极的方面；阖者，闭合也，闭合掩藏，阻止对方，中止一切消极性的方面。陶注："捭，拨动也；阖，闭藏也。凡与人之言道，或拨动之，令有言，示其同也；或闭藏之，令自言，示其异。"

⑧无为以牧之：用无为之术来掌握它。无为，道家指顺应自然，不求有所作为。牧，统治、掌管。陶注云："言贤、不肖，智、愚，勇、怯，材性不同，各有差品。贤者可捭而同之，不肖者可阖而异之；智之与勇，可进而贵之，愚之与怯，可退而贱之。贤愚各当其分，股肱尽其力，但恭己无为牧之已矣。"

⑨实虚：实情与表面现象。

⑩嗜欲：欲望、爱好。本句讲的是对贤能人才的判定方法，就是判定对方材性的高下有无、性行的实虚，根据其意志欲望任其所欲，以判断其意志的真伪。

⑪指：意旨、意向。

⑫阖而捭之：如果明白了实情，就自行闭藏并加以发动。

⑬以求其利：检讨对方的善恶利害。陶弘景释此句云："凡言事者，则微排抑其所言，拨动以反难之，以求其实情。实情既得，又自闭藏而拨动之，彼以求其所言之利何如耳。"

⑭开而示之：展开并对此加以肯定以尽其情。陶弘景注云："开而同之，所以尽其情。"

⑮阖而闭之：闭合并表示不同意见，以观察其诚意。陶弘景注云："阖而异之，所以知其诚也。"

⑯可与不可，审明其计谋：如对方说的有可与不可的东西时，要明确审定对方，以自己之思虑判断其是否得当。

⑰以原其同异：弄清其中相同与不同的本原。本句意思是说所说的东

西都有合适与不合适的情况，一定要明确弄清其用心，找出其中相同和不相同的本来特征。

⑱离合：计谋中有相一致的，也有不相一致的。

⑲有守：确立自己的意思加以信守。

⑳先从其志：先顺从对方的意思。陶弘景注云："计谋虽离合不同，但能有所执守，则先从其志，以尽之，以知成败之归也。"

译文

因此圣人要一以贯之，把握住事物变化的关键，审视体察事物变化的先后顺序，度量人能否随机应变，考量能力大小，比较技巧上谁优谁劣。人们之间的贤良、不肖、智慧、愚蠢、勇敢、胆怯、仁义，都存在一定的差别。因此就可以开启使用，就可以闭藏不用；就可以举荐，就可以屏弃；就可以轻视，就可以敬重；都依靠无为之术来掌握。考察确定对方之有无虚实，通过了解对方的兴趣爱好和欲望来判断对方的志向，先略微排斥对方所说的话，等对方敞开后再加以反驳，这样来求得实际的情况，可贵之处在于得到对方的真实意图，然后沉默而挑动对方发言，以判断是否于己有利。或者敞开心扉予以展示，或者封闭心扉予以沉默。敞开心扉，是因为与对方的情意相同；封闭心扉，是因为与对方的情意相异。判断可行与不可行就是要弄清对方的计谋，探索其中相同与不同的地方。计谋有与己一致的，也有不一致的，都要确立自己的意向加以信守，如果可行，要先顺从对方的意向。

原文

即欲捭之贵周①，即欲阖之贵密②。周密之贵，微③而与道④相追⑤。捭之者，料其情也⑥；阖之者，结其诚也⑦。皆见其权衡轻重⑧，乃为之度数⑨，圣人因而为之虑⑩。其不中⑪权衡度数，圣人因而自为之虑⑫。故捭者，或捭而出之⑬，或捭而纳之⑭；阖者，或阖而取之，或阖而去之⑮。捭阖者，天地之道⑯。捭阖者，以变动阴阳，四时⑰开闭以化万物纵横⑱。反出、反复、反忤必由此矣⑲。

注释

①周：周详。

②密：隐秘。

③微：微妙。

④道：道理、法则。

⑤相追：相伴相随之意。

⑥料其情：检讨实情的真伪、善恶、良否、利害。

⑦结其诚：诚心诚意做到有结果的样子。陶弘景注云："料而简择，结谓系束。情有真伪，故须简择；诚或无终，故须系束也。"

⑧权衡轻重：比较重要和不重要的程度。

⑨为之度数：测量重量和长度的数值，指揣测谋略的性质和程度。

⑩圣人因而为之虑：圣人因此而进行权衡谋划。全句意谓，若想运用好捭阖之术，必须比较谋略性质，掌握好轻重缓急的程度。陶弘景注云："权衡既陈，轻重自分，然后为之度数，以制其轻重，轻重因得所，而为设谋虑，使之道行也。"

⑪中：符合，合乎。

⑫圣人因而自为之虑：考察对方谋略时，如不能达于一致，不能认同，那么圣人也要按自己的意思去考虑谋划。陶弘景注云："谓轻重不合于斤两，长短不充于度数，便为废物，何所施哉？圣人因是自为谋虑，更求其反也。"

⑬出之：取出使用。陶弘景注云："谓中权衡者，出而用之。"

⑭纳之：收纳闭藏。陶注："其不中者，纳而藏之也。"

⑮此句意谓：合适的闭藏之后获取，不合适的闭藏之后放弃。陶弘景注云："诚者阖而取之，不诚者阖而去之。"

⑯天地之道：符合天地阴阳之道。陶注："阖户谓之坤，辟户谓之乾，故谓天地之道。"

⑰四时：指一年四季春、夏、秋、冬，或指一天中的朝、昼、夕、夜四时。

⑱纵横：自由自在的变化。陶弘景注云："阴阳变动，四时开闭，皆捭阖之道也。纵横谓废起也。万物或开以起之，或阖而废之。"

⑲由此：根据捭阖原则。陶弘景注云："言捭阖之道，或反之令出于彼，或反之复来于此；或反之于彼，忤之于此，皆从捭阖而生。故曰'必由此也'。"清人俞樾有不同看法，其《诸子平议补录》此条注下云："反出、反忤四字，衍文也。此文当读至万物绝句：'四时开闭，以化万物，纵横反复，必由此矣。'其文甚明，写者衍'反出反忤'四字。陶氏遂于横字绝句，反出、反复、反忤并列为三义，虽曲为之说，不可通也。"俞说可供参考。

译文

如果要运用开启之术，贵在周详完备；如果要运用闭合之术，贵在隐藏保密。周详保密中最重要的，在于微妙而与道相追随。让对方开启，是为了判断对方的实情；让对方闭合不言，是为了结交对方的诚意。这样做的方法，都是为了能使对方显露实情，以权衡比较谋略的得失程度，圣人也是按照这样的方法进行考虑的。如果是不合适的谋略，圣人也只能自行考虑谋划了。所谓开启，就是或者开启而展示使用，或者开启而收纳闭藏；所谓闭合，就是或者闭合而采纳使用，或者闭合而摒弃不用。开启和闭合，是天地之间运行的规律。开启和闭合，也是阴气和阳气的变化运动，四时节令的开始和终止变化也如同开启和闭合一样，促进事物的发展变化。事物的离返与复归都是由开启与闭合的变化来实现的。

原文

捭阖者，道之大化、说之变也①；必豫审②其变化。口者，心之门户③也，心者，神④之主也⑤，志意、喜欲、思虑、智谋，此皆由门户出入⑥，故关之以捭阖，制之以出入。

注释

①道之大化、说之变也：道说的变化和原则与主张的运用。化，变化，改变。《庄子·逍遥游》："化而为鸟，其名为鹏。"陶弘景注云："言事无开阖，则大道不化，言说无变。故开闭者，所以化大道、变言说，事虽大，莫不成之于变化，故必预之，吉凶系焉。"清人俞樾注此条云："大

字，衍文也。道之化，说之变，相对成文。注云：'言事无开阖，则大道不化。言说无变，故开闭者所以化大道，变言说。'注中'大'字，乃陶氏加以足句，正文本无'大'字，犹言说之'言'，亦陶氏加以足句，正文本无'言'字也。正文'大'字即涉注文而言。"俞说可从。

②豫审：预先考察。

③门户：房屋墙院出入之处。引申为关键、途径。《淮南子·人间》："是故智虑者祸福之门户也。"这里意谓心中之事要通过口来表述。

④神：指精神。

⑤主：主宰。陶弘景注云："心因口宣，故口者心之门户也；神为心用，故心者神之主也。"

⑥此句意谓：志意、喜欲、思虑、智谋都要由口这个门户表达出来。陶注云："凡此八者，皆往来于口中，故曰由门户出入也。"

译文

开启和闭合是事物运行的总的原则，也是游说变化的依据，一定要事先观察他们的变化。口是心灵的门户，心是灵魂的主宰，人的意志、欲望、思维、智慧、谋略，都要通过这个门户来表露，所以要通过开启与闭合之术来把握和控制。

原文

捭之者，开也、言也、阳也；阖之者，闭也、默也、阴也①。阴阳其和，终始其义②。故言长生、安乐、富贵、尊荣、显名、爱好、财利、得意、喜欲为阳，曰"始"③。故言死亡、忧患、贫贱、苦辱、弃损、亡利、失意、有害、刑戮、诛罚为阴，曰"终"④。诸言法阳之类者，皆曰"始"，言善以始其事；诸言法阴之类者，皆曰"终"，言恶以终其谋。

注释

①此句意谓：捭是属于公开、可言及的、阳的方面；阖是关闭的、缄默的、阴的方面。陶注："开言于外，故曰阳也；闭情于内，故曰阴也。"

②终始其义：开闭有节，阴阳处理适当。陶弘景注云："开闭有节，

故阴阳和；先后合宜，故终始义。"

③始：长生、安乐、富贵等等，均是属于阳的方面，意味着成长，所以称做"始"。陶弘景注云："凡此皆欲人之生，故曰始曰阳。"

④终：死亡、忧患、贫贱等等，均是属于阴的方面，意味着灭亡，所以称做"终"。陶弘景注云："凡此皆欲人之死，故曰阴曰终。"

译文

开启之术，就是公开的，可言及的，属于阳的方面；闭合之术，就是关闭的，沉默的，属于阴的方面。阴阳和谐，那么开启和闭合就很恰当。所以说长生、安乐、富贵、荣誉、名声、爱好、财富、得意、喜欲等，都是属于阳的方面，叫做开始；所以说死亡、忧患、贫贱、苦辱、毁损、失利、失意、灾害、刑戮、诛罚等，都是属于阴的方面，叫做终结。凡是那些遵循阳道进行游说的，都称作开始，从谈论有利的方面开始论述；凡是那些遵循阴道进行游说的，都称作终结，从谈论不利的方面作为谋略的结果。

原文

捭阖之道，以阴阳试①之，故与阳言者依崇高②，与阴言者依卑小③。以下求小，以高求大④。由此言之，无所不出，无所不入，无所不言可⑤。可以说人，可以说家，可以说国，可以说天下⑥。为小无内，为大无外⑦。益损、去就、倍反⑧，皆以阴阳御其事。阳动而行，阴止而藏；阳动而出，阴隐而入。阳还终阴，阴极反阳⑨。以阳动者，德相生也；以阴静者，形相成也。以阳求阴，苞以德也；以阴结阳，施以力也⑩。阴阳相求，由捭阖也⑪。此天地阴阳之道，而说人之法也⑫，为万事之先，是谓"圆方之门户"⑬。

注释

①试：探测试行。陶弘景注云："谓或拨动之，或闭藏之，以阴阳之言试之，则其情慕可知。"

②与阳言者依崇高：与情之阳者交涉时，就要谈论崇高来试探。这是

言谈的一种辩论之术。陶弘景注云："谓与情阳者言，高以引之。"

③与阴言者依卑小：与情之阴者谈论时，要以谈论卑小的方法来试探。陶注："与情阴者言，卑以引之。"

④此句意谓：辩论时掌握与情阳者言崇高，与情阴者言卑下，就是下与小相应、高与大相应的原则。陶弘景注云："阴言卑小，故曰以下求小；阳言崇高，故曰以高求大。"

⑤此句意谓：掌握了以上原则，游说就出入自如，没有什么不可以办到的。陶注云："阴阳之理，尽小大之情，得故出入皆可，何所不可乎！"

⑥此句意谓：可以游说于任何事、任何人，万事万物均把握于胸中。陶注："无所不可，故所说皆可。"

⑦此句意谓：尽阴则无内可言，尽阳则无外可言。游说之术可以运用自如，能大能小。

⑧倍反：倍是背叛，反是复归。陶注云："以道相成曰益，以事相贼曰损，义乖曰去，志同曰就，去而遂绝曰倍，去而复来曰反，凡此不出阴阳之情，故曰皆以阴阳御其事也。"

⑨阳还终阴，阴极反阳：指阴阳相辅相生，互相转化。陶注云："此言上下相成，由阴阳相生也。"

⑩此句意谓：君主以爵禄恩养下属，臣下对上竭力尽忠。正如陶弘景注云："上以爵禄养下，下以股肱宣力。"

⑪此句意谓：阴阳上下相通相求，是运用捭阖之术形成的。陶弘景注云："上下所以能相求者，由开闭而生也。"

⑫此句意谓：既是天地阴阳的道理，也是游说人的法则。陶弘景注云："言既体天地，象阴阳，故其法可以说人也。"

⑬圆方：指天地，古人认为天圆地方。陶弘景注云："天圆地方，上下之义也。理尽开闭，然后生万物，故为万事先，上下之道，自此出入，故曰圆方之门户。"

译文

运用开启和闭藏的法则，都需要从阴阳两个方面来检验。所以与从阳的方面谈论的人要依据崇高来试探，与从阴的方面来谈论的人要依据卑下来试探。以低下求取卑小，以崇高求取伟大。按这样的方法进行言谈，没有什么事情不能了解出来，没有什么事情不能探索进去，没有什么事情不可能实现。可以用这种方法去游说一人，游说一家，游说一国，游说天下。做小的事情，没有内的限制，做大的事情，没有外的限制。损益、去就、背叛与复归，都可以依据阴阳来驾驭。面对阳气，就可以采取行动，面对阴气，就应该停止或闭藏；面对阳气，就活动出去，面对阴气，就隐藏进入。阳气运行最终复归于阴，阴气运行最后返归于阳。以阳气而运动的人，道德就会增长；以阴气安静的人，形势就会生成。以阳气求于阴气，需要以道德来包容；以阴气求于阳气，需要施加以力量。阴阳互相追随，是由于遵循开启和闭合的法则。这是天地之间阴阳运行的总规律，也是游说的基本方法，是一切事情的前提，也称作天地之门。

反应第二

反应术是《鬼谷子》关于获取对方情报的一种方法。要求通过反复的观察，对认知的客体实情加以探询。为了获取实情，还可以采取各种手段，或者说出某种言辞引诱对方开口，或者采取缄默诱导对方吐露实情，或者从对方言谈举止中见其喜怒哀乐之情，或者反反复复集中探求某一不清楚之处，这就犹如张开一张大网，等待对方落入或直接将对方罩住。有了此法，如探囊取物般可靠，如后羿引弓发矢，无不命中。

原文

古之大化者①，乃与无形②俱生。反以观往，复以验今；反以知古，复以知今；反以知彼，复以知己③。动静④虚实⑤之理，不合于今，反古而求之。事有反而得复者，圣人之意也⑥，不可不察。

注释

①化：教化指导。大化者：指古代圣人。

②无形：没有形迹。陶弘景注云："无形者，道也，动必由道，故曰无形俱生也。"与道家"无生有，有生一，一生二，二生三，三生万物"之说有异曲同工之妙。

③这里指古代有深远教化的圣人考虑事情十分详密周到，惟恐不谨慎，反反复复考察验证，想知道将来，先观察过去；想知道现在，先考察古代；想知道对方，先了解自己。陶弘景谓之："举无遗策，动必成功。"

④动静：运动和静止。

⑤虚实：真伪之意。

⑥本句意谓：调查过去、现在和将来的方法，观察对方状况，经过仔细观察研究，发现事物变化轨迹，这是圣人的主张。陶弘景注云："事有

不合，反而求彼，翻得复会于此，成此在于考彼，契今由于求古，斯圣人之意。"

译文

古代以大道教化天下的圣人，是与无形的道共生的。回顾观察过去，再来检验现在；回顾了解历史，再来认识现实；回顾了解对方，再来弄清自己。动静和真伪的道理如果与现实不相符合，就要回顾历史去探求。事情一定要通过反反复复的认识过程，这是圣人的主张，不能够不认真考察。

原文

人言①者，动也；己默②者，静也。因③其言，听其辞④。言有不合⑤者，反而求之，其应⑥必出。言有象⑦，事有比⑧；其有象比⑨，以观其次⑩。象者象其事，比者比其辞也。以无形求有声⑪，其钓语⑫合⑬事，得人实⑭也，其犹张置⑮网⑯而取兽也，多张其会⑰而司⑱之。道合其事，彼自出之，此钓人之网也⑲。常持其网驱⑳之，其不言无比㉑，乃为之变㉒。以象动之，以报㉓其心，见其情，随而牧㉔之。己反往，彼复来，言有象比，因而定基。重之袭㉕之，反之复之，万事不失其辞。圣人所诱愚智㉖，事皆不疑。

注释

①人言：对方发言。

②默：缄默。

③因：依据。

④辞：言辞、主张、陈情。陶弘景释此句云："以静观动，则所见审，因言观辞，则所得明。"

⑤言有不合：所说的话不合于理。

⑥应：应答，反应。陶弘景注此句云："谓言或者不合于理，未可即斥，但反而难之，使自求之，则契理之应怡然自出。"

⑦象：法象，此处指仿造形象和原形比较确定正否。

⑧比：比较。

⑨象比：按照形象进行比较。

⑩次：下一个，第二。

⑪有声：发言。陶弘景释此句云："理在玄微，故无形也，无言则不彰，故以无形求有声，声即言也。"

⑫钓语：在发言时引诱出对方的头绪，如投鱼饵一般。清人俞樾释曰："钓语谓人所隐藏不出之言，以术钓而出之。若孟子所称以言餂，以不言餂，皆是矣。"

⑬合：符合。

⑭实：真实。

⑮罝：捕兔子等野兽的网。

⑯网：捕鱼的网具。

⑰会：聚集。

⑱司：候望、等待。

⑲钓人之网：这里是比喻抓住对方的方法。陶弘景注云："张网而司之，彼兽自得，道合其事，彼理自出，理既彰，圣贤斯辨，虽欲自隐，其道无由，故曰钓人之网也。"

⑳驱：驱使。

㉑其不言无比：如对方不发言就不能比较。

㉒变：变化、改变。此句意谓当引诱对方发言头绪的方法不能得逞时，就可以改变方法，以把握实情。

㉓报：合。陶弘景注："报，犹合也。"

㉔牧：进行调查加以阐明。清人俞樾注云："此'牧'字当训'察'。"陶弘景注云："谓更开法象以动之，既合其心，其情可见，因随其情而牧养也。"

㉕袭：重复、重叠之意。陶弘景注此句云："皆谓再三详审不容谬妄，故能万事允惬，无复失其辞者也。"

㉖愚智：愚者和智者。陶弘景理解为："圣人诱愚则闭藏之，以知其诚，诱智则拨动之，以尽其情，咸得其实，故事皆不疑也。"

译文

对方发言，是处于动的状态；自己沉默，是处于静的状态。根据对方所说的话，来了解他想表达的意思。如果别人的话有不合理的地方，可以反过来探求，对方必然会有应对之辞。所说的话都有外在的形象，事情都有可以比较的范围；既然有形象和比较，就可以观察下一步的情况。形象就是事物的外在形貌，比较就是类比对方的辞意。以无形无声的玄微之理求得对方有声的语言，以诱导的话得出与事理相符合的发言，就得到了实情，这就像张开网捕兽捕鱼一样，多张开几张网，等待对方进入。方法符合情理，对方自然就会表现出来，这就是捕人的网。常用这样的网激发对方，对方言辞仍无表露而失去比较，就要改变方法。以形象启动对方，以符合对方心意，了解对方实情，随后进行调查加以阐明。这样反复试探，所说的话可以类比模仿，因而奠定基础。再三详细重复审视，任何事情都不离开所说的那些情况。圣人以此诱导愚者和智者，都能得到实情而无疑惑。

原文

故善反听①者，乃变鬼神②以得其情③。其变当④也，而牧之审也。牧之不审，得情不明；得情不明，定基⑤不审。变象比，必有反辞，以还听之⑥。欲闻其声反默，欲张反睑，欲高反下，欲取反与⑦。欲开情⑧者，象而比之，以牧其辞⑨，同声相呼，实理同归⑩。或因此，或因彼，或以事⑪上，或以牧⑫下。此听真伪，知同异，得其情诈⑬也。动作言默⑭，与此出入，喜怒由此以见其式⑮，皆以先定为之法则。以反求复，观其所托⑯，故用此者。己欲平静⑰，以听其辞，察其事，论万物，别雄雌。虽非其事⑱，见微⑲知类⑳。若探人而居其内㉑，量其能㉒射其意㉓也。符应不失㉔，如腾蛇㉕之所指，若羿㉖之引矢。

注释

①反听：反复详审之意。

②鬼神：死者的灵魂和山川的神明。此处意谓隐秘不可测和玄妙

神奇。

③情：实情。

④当：适合，得当。

⑤定基：奠定的基础。

⑥本句意为对方讲话的形貌与比较的事例变化了，一定要有反诘之词，让对方先说，我然后静听对方答复。

⑦睑：通"敛"，收敛，与"张"相对。全句阐发了鬼谷子论辩的策略之一，即想要对方发言自己反而缄默，欲对方张开反而收敛，欲表现高大反而低下，欲获取反而先给予。

⑧开情：开启实情。

⑨象而比之，以牧其辞：设象比引动对方，再以此考察对方言辞的情况。

⑩同声相呼，实理同归：意为与对方心理契合发生呼应，就能得到真实的情况。

⑪事：奉事。

⑫牧：治理。

⑬情诈：实情和欺诈。

⑭动作言默：举止行为、言语和缄默。

⑮式：规格。

⑯观其所托：观察对方情之依托。可理解为观察对方的出发点与目的。

⑰己欲平静：本句意为听言之道，自己先要平心静气。

⑱虽非其事：所谈的事虽然不是当务之急。

⑲微：细微。

⑳类：种类。

㉑探人：探测人的实情。这句意为听了对方言论，就可以探测对方实情，犹如进入对方心中一样。

㉒量其能：估量对方能力。

㉓射其意：犹如引弓发矢一样猜中对方意图。

㉔符应不失：像合乎符验一般地应验，无一差失。

㉕腾蛇：亦作"腾蛇"。传说中一种能飞的蛇。"如腾蛇之所指"，陶

弘景释云："螣蛇所指，祸福不差。"

㉖羿：即"后羿"，亦称"夷羿"。传说古时十日并出，植物枯死，羿射去九日，射杀毒蛇猛兽，天下太平。本句意为若后羿引弓发矢，无不命中。

译文

所以善于反复详审的人，可以透过隐秘玄奇而获得实情。对方的变化是适当的，因而能周密详细地掌握，不详细调查了解；得到的情况就不清楚，得到的情况不清楚，奠定的基础就不可靠。对方讲话的形貌与比较的事例变化了，一定要有反诘之词，让对方先说，我然后静听对方答复。想要对方发言自己反而保持缄默，欲对方张开反而收敛，欲达到高大反而表现低下，欲获取反而先给予。想要开启实情，可以设象比引动对方，再以此考察对方言辞情况，与对方心理契合发生呼应，就能得到真实情况。可以从这条线索开始，也可以从那条线索开始，或者以谈论事奉君主的事开始，也可以从谈论治理民众的事开始。这是为了考察其中的真实与虚伪，了解其中相同与相异之处，弄清是实情或是欺诈。举止行为、言语或缄默，与此相关，喜怒情绪都可以从这里见到端倪，都是事先定于情再作出法则。以反求复，观察对方情之所托，都是用这种方法。听言之道，自己先要平心静气，以听取对方的言辞，观察事理，议论万物，分辨雄雌。所谈的事虽然不是当务之急，从表现出的细微之处可以了解总的变化。听取对方言辞以揣测对方实情，就像进入对方心中一样；估量对方能力，犹如引弓发矢一样猜中对方意图。像合乎符验一样不失基准，如同螣蛇所指一般准确，好像后羿射箭一样无不命中。

原文

故知之始己，自知而后知人也①。其相知也，若比目之鱼②；其见形也，若光之与影也③。其察言④也不失，若磁石之取针，如舌之取燔骨⑤。其与人也微⑥，其见情也疾⑦。如阴与阳，如圆与方⑧。未见形圆以道之⑨，既见形方以事之⑩。进退左右⑪，以是⑫司之。己不先定，牧人⑬不正。事用不巧⑭，是谓"忘情失道"⑮。己审先定以牧人，策而无形容，莫见其门，是谓"天神"⑯。

注释

①这一句意为：知人必须先从自知开始，了解了自己，然后再去了解别人。陶弘景阐发这句意蕴云："知人者智，自知者明。智从明生，明能生智，故欲知人，必须自知。"

②比目之鱼：鲽形目鱼类。古人认为此鱼一目，成双成对生活才行。这里比喻人与人相知，就像比目鱼须两两相随一样不可分。

③其见形也，若光之与影也：承上句，仍然是说人之相知的神形关系，就像光与影一样相随不分。

④察言：审察对方言论而了解实情。

⑤燔骨：烧过的骨头。

⑥微：细微，不见形色。

⑦疾：敏捷。此句大意为懂得相知之术的人，运用其道不见形色，见情却敏捷。陶弘景阐发说："圣贤相与，其道甚微，不移寸阴，见情甚疾。"

⑧这一句是强调对立面相成相形，不可分割的关系。陶弘景阐发云："上下之道，取类股肱，比之一体，其来尚矣。故其相成也，如阴与阳，其相形也，犹圆与方。"

⑨未见形圆以道之：形貌未显时以圆的方法引导他。圆，古人认为天圆地方，故以圆方指天地。道，引导。

⑩既见形方以事之：形貌已显就以方的法则对待他。方，指地。

⑪进退左右：指用人升迁、黜退、左贬、右升。

⑫是：代词，指上句方圆之理。

⑬牧人：管理任用人员。

⑭事用不巧：处理事情不灵活。

⑮忘情失道：指忘却真情失去方法。

⑯天神：指善于体察实情，达到纵横捭阖，运用圆熟的状态。

译文

所以了解别人必先了解自己，了解自己，然后再去了解别人。人与人相知，就像比目鱼两两相随一样；又像光与影一样神形相连。审察对方言论了解实情，没有偏差，就像用磁石吸细针，如同用舌头吸取烧过的骨汁一般。与人相处不见形色，见情却敏捷。如阴阳、圆方相成相形，不可分割。形貌未显时以圆的方法引导他，形貌已显就以方的法则对待他。用人时升迁、黜退、左贬、右升，以方圆之理掌管。自己不先定下标准，管理任用人员就不恰当。处理事情不灵活，就是忘却真情、失去方法。自己先详细掌握处世用人法则，再去管理人才，施用谋略不露痕迹，不见门户，这就叫作"天神"。

内揵第三

内揵第三是《鬼谷子》关于进献说辞和固守谋略的方法，主要论述了臣子与君主之间的关系。要使说辞和谋略得到采用，必先拉近与游说对象的关系，使情投意合。一旦情投意合，就会"远而亲"、"遥闻声而相思"；一旦意气相离，就会"近而疏"、"日进前而不御"，正所谓伴君之理微妙玄奥。做臣子既要使人采纳计策，又要掌握分寸、进退有度，这样才能掌握主动权，可以进，可以退，可以坚持，也可以放弃，可以进退自如。本篇关于君臣关系的论述对于处理今天的人际关系，也有可资借鉴之处。

原文

君臣上下之事①，有远而亲，近而疏，就②之不用，去③之反求。日进前而不御④，遥闻声而相思。事皆有内揵⑤，素结本始⑥。或结以道德，或结以党友，或结以财货，或结以采色。用其意⑦，欲入则入，欲出则出，欲亲则亲，欲疏则疏，欲就则就，欲去则去，欲求则求，欲思则思。若蚨母⑧之从其子也，出无间，入无朕，独往独来，莫之能止。

注释

①君臣上下之事：君主与臣子上下之间的关系。

②就：接近、靠近。本句意为不合其意，接近也不使用。

③去：离开。本句意为顺合心意，离去反而求取。

④御：使用。

⑤内揵：内，指内心、内情。揵，指支持、固守，也有堵塞、闭合之意。内揵意为内心的思考谋划。陶弘景注云："揵者，持之令固也，言上下之交，必内情相得，然后结固而不离。"

⑥素结本始：在君臣和对方与自己之间，一开始就相联系、交结。

⑦用其意：指君主采用臣下的意见。

⑧蚨母：土蜘蛛。陶弘景解释此句云："蟵蛸，蟵蛸也，似蜘蛛，在穴中有。盖言蚨母养子，以盖覆穴，出入往来初无间朕，故物不能止之。今内揵之臣，委曲从君以自结，固无有间隙，亦由是也。"

译文

君主和臣子上下之间的关系，有的距离远却关系亲密，有的距离近却关系很疏远，有的接近反而不被使用，有的离去反而容易被求取。每日在君主跟前不被使用，相隔很远却相思念。上下相交之事，一定是内情相得，然后巩固，上下之间开始就相连结。或者是以道德原则相交结，或者是以志同道合的朋友关系相交结，或者是以金钱财物关系相交结，或者是以声色容颜相交结。君王采纳臣下意见，那么要进入就可以进入，想出来就可以出来，想亲近就可以亲近，想疏远就可以疏远，想投靠就可以投靠，想离开就可以离开，想求取就可以求取，想思念就可以思念。就像土蜘蛛抚养后代，出入没有什么间隙，独往独来，没有什么能阻止。

原文

内者进说辞①，揵者揵所谋也②。故远而亲者，有阴德也③；近而疏者，志不合也；就而不用者，策不得也④；去而反求者，事中来也⑤；日进前而不御者，施不合也⑥；遥闻声而相思者，合于谋待决事⑦也。故曰："不见其类⑧而为之者见逆⑨，不得其情⑩而说之者见非⑪。得其情，乃制其术⑫。此用可出可入，可揵可开。"

注释

①内者进说辞："内"就是进献说辞。这里是讲鬼谷子内揵术"内"的方法之一。陶弘景注为："说辞既进，内结于君，故曰内者进说辞也。"

②揵者揵所谋："揵"就是固守谋略。揵，堵塞、固守、支持。这里指鬼谷子内揵术"揵"的方法之一。陶弘景释此句云："度情为谋，君不持而不舍，故曰揵者揵所谋也。"

③有阴德也：有相契合却未显露出的德行。

④策不得也：计谋得不到赞同。

⑤事中来也：谋略后来得到印证。陶弘景注云："谓所言当时未合，事过始验，故曰中来事。"

⑥施不合也：措施不合适。

⑦合于谋待决事：计谋合乎自己心思等待对方来议决事情。

⑧类：同类事物，共同点。

⑨见逆：相抵触、相反。

⑩情：指对方情况。

⑪见非：达不到目的。

⑫得其情，乃制其术：与对方情况相合，就掌握了内捷之术，运用自如。

译文

内就是进献游说之辞，捷就是固守谋略。距离远反而相亲近，是因为有相契合而未显露的德行；距离近而被疏远，是因为志向不相契合；投靠却不被使用，是计谋得不到赞同；离开反而又被任用，是因为谋略后来得到印证；每日在君主跟前却不被使用，是措施不合适；相隔很远却相思念，是计谋合乎自己的心思等待对方来议决事情。所以说："不了解事物本来的性质而去做，必定会得到相反的结果，不了解对方情况而进游说之辞必定会被否定。掌握实情，才是把握了内捷之术。这样才能运用自如，既能进献说辞，又可固守谋略。"

原文

故圣人立事①，以此先知而捷万物②。由夫道德③、仁义④、礼乐⑤、忠信、计谋，先取《诗》、《书》，混说损益⑥，议去论就⑦。欲合者，用内；欲去者，用外⑧。外内者必明道数⑨，揣策来事⑩，见疑决之⑪。策无失计⑫，立功建德。治⑬民入产业⑭，曰捷而内合；上暗不治⑮，下乱不寤⑯，捷而反之⑰。内自得⑱，而外不留说⑲，而飞⑳之。若命自来己，迎㉑而御之。若欲去之㉒，因危㉓与之。环转因化，莫知所为，退为大仪㉔。

注释

①立事：建立功业。

②以此先知而捷万物：以得其情而预先认识把握万事万物。此，指上言"得其情，乃制其术"。先知，事先认识。捷，此处为把握之意。

③道德：古之"道德"与今义不同，《韩非子·五蠹》云："上古竞于道德，中世出于智谋，当今争于气力。"《礼·曲礼上》："道德仁义，非礼不成。"郑玄注云："道者通物之名，德者得理之称。"

④仁义：古代一种含义广泛的道德观念，仁的核心是指人与人相亲、相爱，义指正直、节义。

⑤礼乐：礼，指规定社会行为的法则、规范、仪式；乐，指音乐，古代音乐有严格的等级制度。

⑥先取《诗》、《书》，混说损益：先引用《诗经》《尚书》的话，以验证自己的学说，然后加以贬抑或鼓吹。《诗》《书》，即《诗经》《尚书》，系儒家经典，故常引以为证；混，混同、统一；损益，减少或增加。

⑦议去论就：一作议论去就。指讨论用与不用、摒弃与保留。

⑧欲合者，用内；欲去者，用外：想要一致的，使内情相合；想要分离的，用外情相离。陶弘景注云："内谓情内，外谓情外；得情相合，失情自去。此盖理之常也。"

⑨外内者必明道数：把握内外之情时，必须明白道术。

⑩揣策来事：推测判断未来的事情。

⑪见疑决之：出现疑难予以解决。

⑫策无失计：没有决策错误。失计，计算失误。

⑬治：治理、管理。

⑭产业：生产与作业。

⑮上暗不治：君主昏暗不行善政。

⑯下乱不寤：人民反叛不辨事理。

⑰捷而反之：与"捷而内合"相对，指上下内外情意不合。

⑱内自得：内心自以为贤明。

⑲外不留说：对外不采纳贤者的主张。

⑳飞：飞扬，激昂之辞。

㉑迎：迎合，接受。

㉒欲去之：想要摒弃进言者。

㉓危：直言。

㉔大仪：模范、大法。

译文

所以圣人建立功业，以得到实情掌握内揵之术的办法预先把握万事万物。由道德、仁义、礼乐、忠信、计谋开始，先依据引用《诗经》《尚书》验证自己的学说，加以改进或者发扬，讨论用与不用、摒弃与保留。想要一致的，用内情相合的方法；想要分离的，用外情相离的方法。把握外内之情时，必须明白道术，推测判断未来的事情，出现疑难予以解决。没有决策错误，建立功业树立道德。治理百姓安居乐业，就是君臣上下之情相契合。君主昏暗不行善政，百姓离乱不辨事理，就是上下之情不相契合。内心自以为贤明，对外不采纳贤者的主张，就应该用激昂飞扬之辞去游说。如果命令自己前来，就应该迎上去接受使用。如果是情意不合而被命令离去，是因为过于直言。应该灵活变化，隐藏自己的真实意图，树立进退的基本原则。

抵巇第四

　　抵戏术是《鬼谷子》关于弥补缝隙的一种方法。任何事物都会出现裂痕，小的裂痕会酿成大的裂隙。而裂隙出现是有征兆的，故要防微杜渐，在裂隙的萌芽状态时就要"抵"住。"抵"住缝隙的方法多种多样，可以通过"抵"使裂痕闭塞，通过"抵"使裂痕减小，通过"抵"使裂隙消失，最后达到自己的目的。《鬼谷子》尤其着眼于天下治道中的"抵巇"，认为天下纷乱之时，朝廷无明主，公侯乏道德，小人猖狂，忠良放逐，圣人隐居，结果上下猜疑，纲纪混乱，百姓相残，父子离散，夫妻反目，这些都是裂痕，需要以一定法术来治理，或者弥补，或者征服。其抵巇之术被纵横家们运用于各个方面。

原文

　　物①有自然②，事有合离③。有近而不可见，有远而可知④。近而不可见者，不察其辞也；远而可知者，反往以验来也。

注释

　　①物：世间万物。

　　②自然：天然。这里是有规律之意。

　　③合离：聚合分离。陶弘景注云："此言合离，若乃'自然之理'。"

　　④见：发现、觉察。知：知晓，了解。本句意谓：事物有离得很近反而不能觉察，离得远却能知晓的。

译文

　　万物都有自然发展的规律，万事都有聚合分离的法则。有时离得很近反而不能觉察，离得远的却能知晓。离得近却不能觉察，是没有考察他的言辞；离得远却可以知晓，是因为追溯过去并验证了将来。

原文

巇者①，罅也②。罅者，涧也③，涧者成大隙也。巇始有朕④，可抵而塞⑤，可抵而却⑥，可抵而息⑦，可抵而匿⑧，可抵而得⑨，此谓抵巇之理也⑩。

注释

①巇：裂缝，缝隙。陶弘景注："隙大则崩毁将至，故宜有以抵之也。"

②罅：裂隙、裂缝。义与"巇"同，裂的程度略深。

③涧：山沟。从文意看，"巇"发展成为"罅"，"罅"发展成为"涧"，这是从小隙向大隙的演变过程。

④朕：征兆，萌芽之态。

⑤塞：阻塞。

⑥却：退却。

⑦息：止息。

⑧匿：消失。

⑨得：得到。

⑩抵巇之理：堵塞缝隙的道理。抵巇之理就是鬼谷子本篇的要旨，这是一切谋略中普遍适用的计术。陶弘景注云："抵，击实也；巇，衅隙也。墙崩因隙，器坏因衅。而击实之，则墙器不败。若不可救，因而除之，更有所营置，人事亦犹是也。"

译文

巇，也就是罅。罅是由小的裂缝开始，像山涧发展成大裂隙一样。裂隙事先都有征兆，可以抵的方法而堵塞，可以抵的方法而使之退却，可以抵的方法而使之停止，可以抵的方法而使之消失，可以抵的方法而获得成功，这就是抵巇之术堵塞缝隙的道理。

原文

事之危①也，圣人知②之，独保其用③。因化④说事，通达计谋，以识细微⑤。经⑥起秋毫之末⑦，挥⑧之于太山⑨之本。其施外⑩，兆萌芽蘖⑪之谋，皆由抵巇。抵巇隙，为道术。

注释

①事之危：事情有了危险的征候。

②知：觉察。

③独保其用：能够独自发挥应有的作用。故陶弘景注云："形而上者，谓之圣人。故危兆才形，朗然先觉，既明且哲，故独保其用也。"

④因化：顺应变化。

⑤以识细微：认识事物的细微之处。这句意为：依据变化陈述事物，善于使用计谋，在细微之处认识预防。陶弘景注云："因化说事，随机逞术，通达计谋，以经识纬，而预防之也。"

⑥经：始。

⑦秋毫之末：秋天动物所生出的细毛，形容细小。

⑧挥：挥动。

⑨太山：泰山，形容稳壮之物。

⑩施外：施教于人。

⑪兆萌芽蘖：兆萌是微小的征候，芽蘖是伐木后从根部生出的新芽。形容事物微小的变化。

译文

事情有了危险的征兆，圣人可以觉察出来，能够独自发挥应有的作用。顺应变化分析事物，善于使用计谋，在细微之处认识预防。事情初起时如秋毫之末那样微小，发展起来可以形成震动泰山的效果。当圣人向外施以教化时，事物出现微小细微的变化，都可以利用抵巇之术。抵巇堵塞缝隙，就是一种道术。

原文

天下分错①，上无明主，公侯无道德②，则小人谗贼③，贤人不用，圣人窜匿④，贪利⑤诈伪者作⑥，君臣相惑⑦，土崩瓦解⑧，而相伐射⑨，父子离散⑩，乖乱反目⑪，是谓"萌牙巇罅"⑫。圣人见萌芽巇罅，则抵之以法⑬。世可以治则抵而塞之，不可治则抵而得之；或抵如此⑭，或抵如彼⑮，或抵反之⑯，或抵覆之⑰。五帝⑱之政，抵而塞之，三王⑲之事，抵而得之。诸侯相抵⑳，不可胜数。当此之时，能抵为右㉑。

注释

①分错：分裂、离析。

②道德：古代指通物得理。

③谗贼：进谗言干坏事。

④窜匿：逃跑隐藏。

⑤贪利：贪图利益。

⑥作：兴起。

⑦惑：疑惑，猜疑。

⑧土崩瓦解：像土倒塌、瓦碎裂。

⑨伐射：互相射杀。

⑩父子离散："父不父，子不子"，指父子关系失去礼仪。

⑪乖乱反目：反目为仇，既无父子礼仪，更相视若仇。

⑫萌牙巇罅：由小的缝隙发展为大的裂隙。意谓乱政萌芽会逐渐发展为国之大的裂痕。牙，通"芽"，意谓发芽。

⑬法：方法、措施。本句意谓圣人用"抵巇之术"来堵塞这些裂隙。

⑭抵如此：指上文中"抵而塞之"。

⑮抵如彼：指上文中"抵而得之"。

⑯反之：恢复之。

⑰覆之：取代之。本句是阐明"抵巇"之术的多种方法，可以根据不同情况，运用不同手段，得到不相同的结果，说明"抵巇"思想的丰富多样，应灵活运用。

⑱五帝：指传说中上古五个帝王，分别是：黄帝、颛顼、帝喾、尧帝、舜帝。一说是：伏羲、神农、黄帝、尧、舜；又说是：少皞、颛顼、高辛、尧、舜。

⑲三王：古代三位明主：夏禹王、商汤王、周文王。陶弘景注云："五帝之政，世间犹可理，故曰抵而塞之，是以有禅让之事；三王之事，世间不可理，故曰抵而得之，是以有征伐之事也。"

⑳相抵：相互抵制、抵抗。

㉑右：上位。

译文

天下分崩离析，上没有圣明的君主，公侯丧失道德，那么进谗言干坏事的小人就会出现，贤良的人得不到任用，圣人逃跑隐藏，贪图利益和弄虚作假的人兴风作浪，君主和臣下之间出现猜疑，国家土崩瓦解，互相攻击射杀，父子关系离散，甚至反目为仇，这就是国家大乱的征兆。圣人发现这些萌芽征兆，就会采取抵巇之术堵塞裂隙。天下还具备治理的基础就以抵巇方法堵塞缝隙，天下不可治理就用抵巇的方法获得它。或者堵塞缝隙，或者得到天下，或者恢复天下，或者取代天下。传说中上古五帝之时，是以抵巇之术堵塞天下，上古三王之时，是以抵巇之术得到天下。诸侯之间互相用抵巇之术争夺的很多。那时，善于运用抵巇之术者就处于上位。

原文

自天地之合离、终始，必有巇隙，不可不察也①。察之以捭阖，能用此道，圣人也。圣人者，天地之使也②。世无可抵，则深隐而待时；时有可抵，则为之谋。可以上合③，可以检下④。能因⑤能循⑥，为天地守神⑦。

注释

①巇隙：可理解为逆乱事件。本句意谓：与天地有离合终始一样，裂隙逆乱总相伴随，不能不明察秋毫。

②天地之使：天地的代行者。可理解为天人之间的使者，即指国家的主宰者。

③上合：打击之后加以堵塞。

④检下：打击之后得到它。陶注云："上合谓抵而塞之，助时为治；检下，谓抵而得之，束手归己也。"

⑤因：根据。

⑥循：遵循。

⑦天地守神：为天地守其神祀，意即为国家的统治者。陶弘景注此句云："言能因循此道，则大宝之位可居，故能为天地守其神祀也。"

译文

与天地有离合终始一样，裂隙逆乱总相伴随，不能不明察秋毫。能够以捭阖之道观察，并运用自如，就是圣人。圣人，就是天地的使者。世间没有裂隙需要抵塞，就深深地隐藏以等待时机；遇到裂隙出现需要抵塞，那么就为此谋划。可以打击之后予以堵塞恢复，也可以打击之后得到它。能够充分依据和运用抵巇之术，就可以为天地守住神祀。

飞箝第五

飞箝之术是《鬼谷子》论辩术的一个重要方法。飞是褒扬激励，箝是挟制，飞箝就是以激励、褒扬的言语诱致对方实情从而抓住对方心理。飞箝的目的多种多样，主要是为了考察人，考察其能力、权变，辨别真伪是非。得人才能治天下，用人不当又可能误天下。所以考察人才要善于运用各种方法套引实情，可以先诱导对方发言，将需要的实情诱导出来，马上抓住不让对方收回。如果诱导不出，还可以进行威胁、利诱，达到箝制的目的。飞箝之术可以用之于人与人之间的关系，也可以运用于分析各国天时、地利及人和等各方面情况，达到与对方建立密切关系的目的，还可以运用于合纵或者联横。反复运用，灵活自如。

原文

凡度①权②量③能④，所以征⑤远来近⑥。立势⑦而制事⑧，必先察同异⑨，别⑩是非之语⑪；见⑫内外之辞⑬，知有无之数⑭；决⑮安危之计⑯，定亲疏之事⑰。然后乃⑱权量⑲之。其有隐括⑳，乃㉑可征㉒，乃可求㉓，乃可用㉔。引钩箝㉕之辞，飞而箝之㉖。钩箝之语，其说辞㉗也，乍同乍异㉘。其不可善者㉙，或先征㉚之，而后重累㉛；或先重以累，而后毁之㉜；或以重累为毁㉝，或以毁为重累㉞。其用㉟，或称㊱财货㊲、琦玮㊳、珠玉、璧帛、采色㊴以事之㊵，或量能立势㊶以钩之㊷，或伺候㊸见涧而箝之㊹，其事用抵巇㊺。

注释

①度：量长短。

②权：权变，灵活，计谋。

③量：测量。

④能：能力，才能。

⑤征：征召。

⑥来近：使近来，意即使近处来投奔。全句意谓：大凡测量人的智慧谋略和才能，是为了征召远近人才，使远近的人才来归附。陶弘景注此句云："凡度其权略，量其材能，为远近声誉者，所以征远而来近也。谓览者所在，或远或近以此征来。若燕昭尊隗，即其事也。"

⑦立势：建立制度之意。

⑧制事：管理事务。

⑨同异：相同的与不同的。

⑩别：辨别、区分。

⑪是非之语：指言语之是非。陶弘景注此句云："言远近既至，乃立赏罚之势，制能否之事。事势既立，必先察觉与之同异，别言语之是非。"

⑫见：发现、观察到。

⑬内外之辞：内，指里面的、真实的情况。外，指表面的、虚浮之辞。内外之辞，指事情的真伪。

⑭有无之数：有无，能否。数：指术数。有无之数，指是否具有某种能力。陶弘景注云："外谓虚浮，内谓情实，有无谓道术能否，又必见其情伪之辞，知其能否之数。"

⑮决：确定。

⑯安危之计：有关安危的计策。

⑰亲疏之事：指或亲密或疏远。

⑱然后乃：这样……才。

⑲权量：计算长短轻重。全句意谓：做完了上述"别是非之语""知有无之数""定亲疏之事"之后，就可以揣度估测其才智长短了。

⑳隐括：指矫揉弯曲竹木等使之平直或成形的器具。《淮南子·修务训》："木直中绳，揉以为轮，其曲中规隐括之力。"这里指订正，修正。

㉑乃：于是。

㉒征：征召。

㉓求：求取、招求。

㉔用：任用、使用。

㉕钩箝：引诱他人言论归顺己方。

㉖飞而箝之：以激昂言论引诱从而控制对方得到实情。飞箝之术是鬼谷子论辩术的一个重要方法，飞是褒扬、激励，箝是挟制。陶弘景释"引钩箝之辞，飞而箝之"云："钩谓诱致其情。言人之材性，各有差品，故钩箝之辞亦有等级。故引钩箝之辞，内惑而得其情曰'钩'，外誉而得其情曰'飞'。得情即箝待之，令不得脱移，故曰'飞钩箝'。"

㉗说辞：游说、辩说的言辞。

㉘乍同乍异：时而相一致，时而不相一致。陶弘景注云："谓说钩箝之辞，或捭而同之，或阖而异之，故曰'乍同乍异'也。"

㉙不可善者：指运用钩箝之语也不能达到使之归顺目的的人。

㉚征：征召、征用。

㉛重累：重垒，重叠。这里有排列比较的意思。陶弘景注云："重累者，谓其人既至，然后状其材所有"，"知其所能，人或因此重化者也。"全句意谓：对以钩箝之语不能使对方归顺的人，就先征用，然后排列比较，反复试探其能力，对方长处、短处与能力大小被认识之后，就容易挟制了。以下几句也是说的对不可用钩箝之辞所动者采取的使之受诱致箝的方法。

㉜先重以累，而后毁之：以，疑为衍文；毁，毁谤。本句意谓先排列比较，反复试探，而后就其弱点予以毁谤。陶弘景注云："或有虽都状其所有，犹未从化，然而就其材术短者訾毁之，人过而从之，言不知化也者。"

㉝以重累为毁：反复比较试探使对方弱点暴露。

㉞以毁为重累：暴露对方的弱点也是比较试探。全句意谓，对方难以说动，故采取"以重累为毁"和"以毁为重累"的飞箝之术，使对方归顺自己的意志。

㉟其用：准备采用时。

㊱称：举，用。

㊲财货：财物货币。

㊳琦玮：琦、玮均是美玉的名称。

㊴采色：带颜色的美丽的东西。

㊵事之：给予试验。陶弘景注云："其用，谓人能从化，将用之，必先知其性行好恶，动以财货、采色者，欲知其人贪廉也。"

㊶量能立势：衡量、考察对方才能，确定去留的趋向。

㊷钩之：引诱对方的实情。

㊸伺候：伺机、等待。

㊹见涧而箝之：涧，裂缝，指弱点。指发现对方的弱点箝制对方。

㊺其事用抵戏：其事，指上述方法。本句意谓：上述方法就是用"抵戏"之术来达到控制对方为我所用的目的。"抵戏"术是堵塞缝隙之意，详见《抵巇第四》。

译文

凡是考察权变能力，都是为了征召远近人才，使之归附投奔，建立制度，管理事务，一定要先考察相同与不同，辨别言语之是非，发现言辞的表面与实际的真伪，知道是否具备某种能力的术数，确定有关安危的计策，确定或亲密或疏远的关系，这样再权衡估量长短轻重。其中有需要取长补短的，在需要时就可以征召，可以求取，可以任用。运用言辞中钩箝之术，引诱他人言论归顺自己，或以激昂言论引诱从而控制对方得到实情。诱致对方实情的话，是一种游说之辞，时而相一致，时而不相一致。对于运用钩箝术也不能达到归顺目的的，或者先征召，然后排列比较；或者先排列比较，反复试探，而后就其弱点予以毁谤；或者是反复比较试探使对方暴露弱点，或者是使对方暴露弱点从而比较试探。运用这种方法时，或者用财物或各种珠宝等给予试探，或者衡量、考察对方才能，确定去留的趋向以引诱对方实情，或者发现对方的弱点箝制对方，上述方法就是运用抵巇之术达到自己的目的。

原文

将欲①用之天下②，必③度权量能④，见⑤天时之盛衰⑥，制⑦地形之广狭⑧，岨险之难易⑨，人民货财之多少，诸侯之交⑩孰亲孰疏⑪、孰爱孰憎⑫，心意⑬之虑怀⑭，审其意，知其所好恶，乃就说其所重⑮，以飞箝之辞钩其所好⑯，乃以箝求之⑰。

注释

①将欲：将要。

②用之天下：将飞箝之术推广运用到全天下。之，指飞箝之术。本句意谓将飞箝之术推广运用辅助帝王治理天下，下面提示具体操作方法。

③必：一定要。

④度权量能：揣度智谋权变与能力，以知道帝王能否辅助成功。

⑤见：意为识别、鉴别。

⑥天时之盛衰：天道运行的兴盛与衰落。古人认为天子是应天时而治，天道盛才国运昌，天道衰则国运亡，故本句说察看天道盛衰与否。

⑦制：控制、掌握、知晓。

⑧地形之广狭：指地理形势的广阔与狭窄。天子治理国家，除了顺应天时，还需有地利才能成功。本句和下句"岨险之难易"均是讲判断地利与否。

⑨岨险之难易：山川险阻的险峻与平坦。

⑩交：交往、交流。

⑪孰亲孰疏：谁跟谁亲密，谁跟谁疏远。

⑫孰爱孰憎：谁与谁友好，谁与谁敌对。本句及上句"人民货财之多少"均是讲了解人和的方面。

⑬心意：心情、意念。

⑭虑怀：思虑和希望。

⑮乃就说其所重：于是就游说其所重视的。

⑯钩其所好：引诱对方说出所喜好的。

⑰以箝求之：意为以引诱手法挟制住而求取对方说出心中所好。陶弘景注云："既察其虑怀，知其好恶，然后就其所重者而说之，又用'飞箝之辞'钩其所好。既知其所好，乃箝而求之。所好不违，则何说而不行哉？"

✿ 译文

要将飞箝之术推广运用于全天下，一定要揣度智谋权变与能力，识别天道运行的兴盛与衰落，知晓地理形势的广阔与狭窄，山川险阻的险峻与平坦，百姓财富的多与少，诸侯之间的交往及与谁亲密与谁疏远，与谁友好，与谁敌对，心中意念具有何种思虑与愿望，观察他们的意向，知道他们的喜好与厌恶，于是就其所重视的进行游说，用飞箝的言辞引诱对方说出所喜好的，然后再以诱导手法挟制住而求取对方。

原文

用之于人①，则量智能②、权材力③、料④气势⑤，为之枢机⑥以迎之随之，以箝和之，以意宜之⑦。此飞箝之缀⑧也。

注释

①用之于人：将飞箝之术运用到其他人。

②智能：智慧才能。

③材力：才干能力。

④料：估量。

⑤气势：气概声势。

⑥枢机：指关键之处。枢，门上转轴；机，机关。本句意谓把握关键要害之处，以迎合对方或随顺对方。

⑦以箝和之，以意宜之：以箝制之术达到与对方协调，以意念态度达到与对方融洽。

⑧飞箝之缀：这是飞箝术的运用与发挥。缀，连结。对这一段飞箝之术用之于人的论述，陶弘景注释为："用之于人，谓用飞箝之术于诸侯也。量智能、料气势者，亦欲知其智能否也。枢所以主门之动静，机所以主弩之放发。言既知其诸侯智能否，然后立法镇其动静，制其放发，犹枢之于门，机之于弩。或先而迎之，或后而随之，或箝其情以和之，用其意以宜之，如此则诸侯之权可得而执，己之恩又得而固，故曰'飞箝之缀'也。谓用'飞箝之术'连于人也。"

译文

将飞箝之术运用于其他人，就要观察测试智慧才能、考察能力、估量气概声势，把握关键要害之处，以迎合对方或随顺对方，以箝制之术达到与对方协调，以意念态度达到与对方融洽。这是飞箝术的运用与发挥。

原文

用于人①，则空往②而实来③，缀而不失④，以究⑤其辞。可箝而从⑥，可箝而横⑦，可引⑧而东，可引而西；可引而南，可引而北；可引而反⑨，可引而覆⑩。虽覆⑪，能复⑫，不失其度⑬。

注释

①用于人：用在人与人的关系方面。

②空往：以空洞赞美之辞套引。

③实来：得到实际的东西。

④缀而不失：连结而不失去。意即把握好"实来"的好时机不要失去。

⑤究：探究。

⑥从：通"纵"，与"横"相对。南北为纵。

⑦横：与"纵"相对，东西为横。

⑧引：引导。

⑨反：反转、翻覆。

⑩覆：回去、回来。

⑪覆：覆败。

⑫复：恢复。

⑬不失其度：不失去节度。陶弘景注云："虽有覆败，必能复振，不失其节度，此箝之终也。"

译文

用在人与人的关系方面，就用空洞赞美之辞套引对方得到实际情况，把握好时机不要失去，以探究对方会说些什么。可以从纵的方面运用飞箝之术，可以从横的方面运用飞箝之术，可以引向东，可以引向西，可以引向南，可以引向北，可以引而反转，可以引而复归。即使覆败，也能恢复，不失去节度。

忤合第六

　　忤合术是《鬼谷子》关于对立与顺合的方法。世界上"趋合"与"倍反"是普遍存在的，运用到不同的事件上有不同的方法，而且同一事件的不同阶段也应用不同的方法。"趋合"与"倍反"有时又互相转化，圣明的人应该掌握这一规律，把握反忤之道，或者合于此忤于彼，或者合于彼忤于此，这种反忤之术大而言之可以协四海、包诸侯，小而言之可以运用到与人的交往。行忤合之术的条件是要了解自己和估量环境，"用之天下，必量天下而与之；用之国，必量国而与之；用之身，必量身材能气势而与之"，这样才能运用进退自如。

原文

　　凡趋合①倍反②，计有适合③。化转④环属⑤，各有形势⑥。反覆相求⑦，因事为制⑧。是以⑨圣人居⑩天地之间⑪，立身⑫御世⑬，施教⑭扬声⑮明名⑯也，必因事物之会⑰，观⑱天时之宜⑲，因之所多所少⑳，以此先知之，与之转化㉑。

注释

　　①趋合：趋向合一。

　　②倍反：背逆。倍，同背。"趋合倍反"指事物的"合"与"忤"。

　　③计有适合：施以计谋，与理相合。陶弘景注云："言趋合背反，虽参差不齐，然施之计谋，理乃适合。"

　　④化转：变化转移。化，变化；转，转变。

　　⑤环属：像环一样连接无缝隙。环，指环状东西；属，连接。

　　⑥形势：变化的趋向、态势。

　　⑦反覆相求：言事物背反各有趋势，而彼此相探求。

⑧因事为制：根据每一件具体事做出处理。因，依据；事，具体事件；为，做出、订立；制，法则，处理办法。陶弘景注云："言倍反之理，随化而转，如连环之属。然其去就，各有形势，或反或覆，理自相求，莫不因彼事情为之立制也。"

⑨是以：因此、因故。

⑩居：处于。

⑪天地之间：指人世间。

⑫立身：树立自己的身份、地位。

⑬御世：治理世事。

⑭施教：施行教化。

⑮扬声：扩大声望。

⑯明名：显示名声。

⑰事物之会：事物变化的际会。

⑱观：观察。

⑲天时之宜：合适的天时。

⑳因之所多所少：本句意为国家教化所宜多所宜少的地方。因，清俞樾考证谓"国"之误。

㉑以此先知之，与之转化：本句意谓预先察知宜多宜少之处，调整而使之发生转化。

译文

凡是要趋向合一或背叛分离，都要施以与理相合的计谋。变化转移，像环一样连接无缝隙，各有其变化态势。事物背反趋势可以互相探求，根据每一件具体事做出处理。因此圣人生活在世间，树立身份治理世事，施行教化扩大声望显示名声，一定会根据事物变化的际会，观察合适的时机，根据国家教化所宜多所宜少的地方，预先察知、调整而使计谋随之转化。

原文

世无常①贵②，事无常师③。圣人常为④无不为⑤，所听无不听⑥。成于事⑦而合于计谋⑧，以之为主⑨。合于彼而离⑩于此，计谋不两忠⑪，必有反忤⑫。反于是，忤于彼；忤于此，反于彼⑬；其术也⑭。用⑮之天下，必量天下而与之；用之国⑯，必量国而与之；用之家⑰，必量家而与之；用之身⑱，必量身材能气势而与之。大小进退，其用一也⑲。必先谋虑，计定⑳而后行之以飞箝之术。

注释

①常：永久的、固定的。

②贵：高贵。

③师：师法的榜样。

④为：作为。

⑤无不为：无所不为。

⑥无不听：无所不听。本句意谓圣人常有作为，故无所不为，常听天下，故无所不听。陶弘景注云："善必为之，故无不为；无稽之言不听，故无所听。"

⑦成于事：事情成功。

⑧合于计谋：计谋切合实际。

⑨以之为主：以此为主体。陶弘景对此的解释是："于事必成，于谋必合，如此者与众立之，推以为主也。"

⑩离：背离。

⑪不两忠：不能彼、此两方都忠实。

⑫反忤：背逆，指反忤之术。本句意谓：计谋与这一方相合就与那一方相背离，不可能对两方都忠实，一定有背反忤逆。

⑬反于是，忤于彼；忤于此，反于彼：意谓反合此方，背逆彼方；背逆此方，反合彼方。陶弘景注云："既有不两施，宜行反忤之术。反忤者，意欲反合于此，必行忤于彼。忤者，设疑似之事，令昧者不知觉其事也。"

⑭其术也：指反忤之术。

⑮用：使用。本句意谓将反忤之术使用到天下，一定要度量天下实际情况来运用它。

⑯国：邦国。

⑰家：家族。

⑱身：个人。

⑲其用一也：它的功用是一致的。

⑳计定：定下计策谋略。

译文

世间没有永恒的高贵，事情没有固定的模式。圣人经常作为而无所不为，常听天下，而无所不听。事情成功而使计谋符合实际，以此为主体。与此相契合而与彼相背离。计谋不能于彼此两方都忠实，忠实于一方必然与另一方相背离。反合此方，背离彼方，背离此方，反合彼方。这就是反忤之术。将反忤之术运用到天下，一定要根据天下实际情况而运用它；用于治理邦国，一定要根据邦国实际情况运用它；用于治理家族，一定要根据家族实际情况运用它；用于个人，一定要根据自身才能气概运用它。无论运用大处细处，是进是退，它的功用是一致的。一定要先深谋远虑，定下计策谋略之后再运用飞箝之术。

原文

古之善①背向②者，乃协③四海、包④诸侯，忤合之地而化转之，然后以之求合⑤。故伊尹⑥五就⑦汤⑧、五就桀⑨，然后合⑩于汤。吕尚⑪三就文王⑫、三入殷⑬，而不能有所明，然后合于文王。此知天命之箝⑭，故归之不疑也。非至圣人达奥⑮，不能御世⑯；非劳心⑰苦思，不能原事⑱；不悉心见情⑲，不能成名⑳；材质㉑不惠㉒，不能用兵㉓；忠实无真㉔，不能知人㉕。故忤合之道，己必自度材能知睿，量长短、远近孰不如，乃可以进、乃可以退，乃可以纵、乃可以横㉖。

注释

①善：擅长。

②背向：背弃和趋向，反对和支持。

③协：协和、和洽。

④包：包容。

⑤忤合之地而化转之，然后以之求合：陶弘景对这句的注解是："驱

置忤合之地，然后设法变化，而转移之。众心既从，乃求其真主，而与之合也。"意为驱置到忤合的境地，然后设法变化，转移形势，开创新王朝。

⑥伊尹：商初大臣。名伊，尹是官名。一说名挚。相传为家奴出身，原为有莘氏女的陪嫁之臣。汤用为小臣，后任以国政。帮助汤攻灭夏桀。汤去世后，历佐卜丙（即外丙）、仲壬二君。仲壬死后，由太甲即位，因太甲不遵汤法，不理国政，被他放逐。三年后太甲悔过，又接回复位。死于沃丁时。一说仲壬死后，太甲当立，他篡位自立，放逐太甲。七年后太甲潜回，把他杀死。

⑦就：趋向，归于。

⑧汤：商汤王。商朝第一个君主，消灭夏亡朝，重用伊尹，推行善政。

⑨桀：夏王朝最后一位君主，推行暴政，为商汤所灭。

⑩合：合适。

⑪吕尚：周代齐国的始祖。姜姓，吕氏，名望，字尚父，一说字子牙，西周初年官太师（武官名），又称师尚父。辅佐武王灭商有功，后封于齐，有太公之称。俗称姜太公。因东方夷族曾从武庚和三监叛乱，成王授他以征讨周围地区之权。

⑫文王：即周文王。商末周族领袖，曾被商纣囚禁于羑里。统治期间，国势强盛。后其子周武王起兵灭商，建立周王朝。

⑬殷：指商王朝。

⑭天命之箕：关系天命的地方。陶弘景注云："以天命系于殷汤文王，故二臣归二主不疑也。"

⑮至圣人达奥：达到圣人高深的境界。

⑯御世：治理天下。

⑰劳心：费心思。《四部丛刊》本"劳心苦思"前脱一"非"字。

⑱原事：了解事物本来面目。

⑲悉心见情：尽心发现真实情况。

⑳成名：成就名声。

㉑材质：才能素质。材，才。

㉒不惠：不聪慧。惠，通慧。

㉓用兵：进行军事运筹。

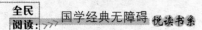

㉔无真：不真实。

㉕知人：识别人。

㉖本句意谓行忤合之术，一定要自己估量才能智力，估量自己长处短处，远近之处哪些不如人的，才能运用得进退自如。陶弘景释本句云："既行'忤合之道'于不如己者，则进退、纵横，唯吾所欲耳。"

译文

古代擅长反对和支持之术的人，可以协和四海，包容诸侯，可以驱置到忤合的境地，然后设法变化，转移形势，开创新王朝，所以伊尹五次归顺于商汤，五次归顺于夏桀，之后仍然与商汤相契合。吕尚三次归顺文王，三次归顺殷商王朝，而无法施展自己的志向，之后与文王相契合。这是关系到天命的地方，所以最后找到归宿而不怀疑。不是达到高深的圣人境界，不能治理天下；不是劳费心思苦苦思索，不能弄清事物的本来面目；不是尽心发现真实情况，不能成就名声；才干素质不聪慧，不能进行军事运筹；忠厚朴实不能真切了解，不能识别人。所以忤合之术的法则是，一定要自己估量才能智力，估量自己长处短处，远近之处哪些不如人，才能够纵横进退，运用自如。

体验阅读

六韬 · 鬼谷子
∧∧∧

《六韬》又称《太公六韬》《太公兵法》，是我国古代的一部著名的道家兵书。中国汉族古典军事文化遗产的重要组成部分，其内容博大精深，思想精邃富赡，逻辑缜密严谨，是古代汉族军事思想精华的集中体现。具体表现在：

一、文韬——加强领导意识韬略

在这节里，通过对《文师》《盈虚》《国务》《大礼》《明传》《六守》《守土》《守国》《上贤》《举贤》《赏罚》《兵道》十二篇的阅读，主要是讲了上位领导者所需要在思想上、德行上注意的问题。上位领导者具有最终决策权，他的每一个决定都会直接形成结果。这样一来，就要求上位领导者在做出决定之前必须要从全局统筹思考，充分认识主客观的实际情况，这样才能有的放矢，促成部下在执行中事半功倍的结果。

二、武韬——调查分析韬略

在这一卷主要分为《发启》《文启》《文伐》《顺启》《三疑》，主要论述取得政权及对敌斗争的策略，强调在作战前必须先对敌我双方的情况了如指掌，进行比较，以己之长克敌之短，才能制胜。换而言之，这个步骤是战前准备的关键环节，需要下大量的人力、物力和精力进行全面的分析，权衡利弊，进行趋利避害的有效布置。俗话说"兵马未动粮草先行"，可见事前准备工作是多么的重要。

三、龙韬——知人善用韬略

在这一卷主要分为《王翼》《论将》《选将》《立将》《将威》《励军》《阴符》《阴书》《军势》《奇兵》《五音》《兵征》《农器》十三篇，主要强调了用人在整个战争过程之中巨大的作用。不论任何事情，执行起来都需要人。人作为推进事件前进的必要生产力，贯穿整个事件的始终。所以在做事情之前，对用人一定要有所衡量。每个人的能力是不同的，所以要量才而用，要充分发挥下属的主观能动性，给予最大程度的信任和支持。这样一来，事情的走向就会按照预定的设想前进，甚至有超额完成的可能。

四、虎韬——营造内部氛围韬略

在这一卷主要分为《军用》《三阵》《疾战》《必出》《军略》《临

境》《动静》《金鼓》《绝道》《略地》《火战》《垒虚》十二篇，主要论述在宽阔地区作战中的战术及其他应注意的问题。"天时地利人和"是决定战争结果的三个重要因素。古人说"天时不如地利，地利不如人和"，由此可见"人和"在战争三要素中是最重要的。人和的表现就是内部团结，上下一心。要想做到这一点，团队内部的氛围必须要和谐统一。

五、豹韬——灵活运用战术韬略

这一卷主要分为《林战》《突战》《敌强》《敌武》《山兵》《泽兵》《少众》《分险》八篇，主要论述在各种特殊的地形作战中的战术及其他应注意的问题。战斗是一种竞争，在竞争中敌对的双方或多方自然会竭尽全力。这样一来，就会造成战场局面瞬息万变的情况。所以这就要求指挥官要根据当前的情况，灵活运用战略战术，掌握战争主动权，进而将优势转化为胜势，取得战争的胜利。预判能力与应变能力是一个指挥官的基础能力，在交锋的过程中拥有这两种能力的指挥官一定会取得最后的胜利。

六、犬韬——人员搭配韬略

这一卷主要分为《分合》《武锋》《练士》《教战》《均兵》《武车士》《武骑士》《战车》《战骑》《战步》十篇，主要论述教练与编选士卒以及各种兵种如何配合作战，以发挥军队效能等问题。万事万物都有其内在的规律，认清规律剩下的就是按照规律进行操作。在操作过程中，执行者个人能力以及执行者彼此之间的分工合作是非常重要的。个人拥有一技之长，可以能够独当一面的人员适合做教练，传播个人技能，提高整个团队的操作水平。在协作过程中，合理安排人员配置，能够提高效率，获得更好的劳动成果，如果在这个基础上再加强彼此之间的配合，那么事情最后就会出现更加出人意料的结果。

总之，《六韬》是一部应用非常广泛的书籍，它那属于军事上的韬略可以运用到很多的地方。几千年前的战略在现今社会上也毫不逊色，将这些军事理论适当运用到商业上，在不见硝烟的战场披荆斩棘，同样也能体会到人生的价值。数千年文化的沉淀，留给我们宝贵的文化财富，熟读这些书籍，我们就可以打开洞悉一些的智慧之眼，非常清晰的在繁杂的事情中剖析出事物的关键，从而不断地进步，完成自我升华，实现人生理想。

　　《鬼谷子》的策略内容，对于从政治民、军事作战、经营管理、公关技术等具有普遍的指导意义和应用价值。其中蕴含了丰富的朴素辩证法哲理，这些哲理是鬼谷子紧密结合实际，针对现实问题而提出的解决办法，不仅对研究中国古代哲学思想源流提供了文献资料，而且对日常交往和现实生活也有广泛的适用性，提供了基本的处事原则。

延展阅读

六韬·鬼谷子
∧∧∧

阅读链接

——与本书内容有关的图书、影视

1

《孙子兵法》
作者：孙武

研究缩影

　　《孙子兵法》又称《孙武兵法》《吴孙子兵法》，是中国现存最早的兵书，也是世界上最早的军事著作，被誉为"兵学圣典"。共有六千字左右，一共十三篇，被誉为"兵学圣典"。它是中国古代汉族军事文化遗产中的璀璨瑰宝，是古代汉族军事思想精华的集中体现。

2

《孙膑兵法》
作者：孙膑

研究缩影

　　《孙膑兵法》是中国古代的最著名汉族军事著作之一，也是《孙子兵法》后"孙子学派"的又一力作，是反映古代汉族军事思想的代表作之一。《孙膑兵法》古称《齐孙子》，作者为孙膑，传说他是孙武的后代，在战国时期生于齐国阿、鄄之间（今山东省阳谷、鄄城一带），曾和庞涓一块儿学习兵法。出土在临沂。

3

《封神榜》
导演：郭信玲
主演：傅艺伟、达奇、
　　　蓝天野等
上映时间：1990年

剧情简介：

　　主要讲述商末时期，纣王无道，宠信妲己，斩妻诛子，杀文害武，冶造炮烙、虿盆，建酒池肉林、鹿台，聚敛民财，苦害生灵。姜子牙时运不至，垂钓潘溪，年至八十方时来运转，得文王相聘，扶保武王姬发，率兵伐纣，东进五关，在孟津大会天下八百诸侯，共伐无道，捉拿妲己，血溅朝歌，兴周灭纣。

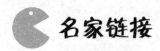 **名家链接**

1.姬昌

周文王姬昌（前1152年—前1056年），姬姓，名昌，季历之子，周朝奠基者。其父死后，继承西伯之位，故称西伯昌，死后葬于咸阳周陵。相传西伯在位五十年，勤于政事，重视发展农业生产，礼贤下士，广罗人才，拜吕尚为军师，问以军国大计，使"天下三分，其二归周"。

2.孙武

孙武（约前545年—前470年），字长卿，齐国乐安人，春秋时期著名的军事家、政治家，尊称兵圣。后人尊称其为孙子、孙武子、百世兵家之师、东方兵学的鼻祖。他是兵法家孙膑的先祖。其著有巨作《孙子兵法》十三篇，为后世兵法家所推崇，被誉为"兵学圣典"，被译为英文、法文、德文、日文，成为国际间最著名的兵学典范之书。

铭记链接

《六韬·文韬·国务第三》

文王问太公曰："愿闻为国之大务，欲使主尊人安，为之奈何？"

太公曰："爱民而已。"

文王曰："爱民奈何？"

太公曰："利而无害，成而勿败，生而勿杀，与而勿夺，乐而勿苦，喜而勿怒。"

文王曰："敢请释其故。"

太公曰："民不失务则利之，农不失时则成之，省刑罚则生之，薄赋敛则与之，俭宫室台榭则乐之，吏清不苛扰则喜之。民失其务则害之，农失其时则败之，无罪而罚则杀之，重赋敛则夺之，多营宫室台榭以疲民力则苦之，吏浊苛扰则怒之。故善为国者，驭民如父母之爱子，如兄之爱弟，见其饥寒则为之忧，见其劳苦则为之悲，赏罚如加于身，赋敛如取己物。此爱民之道也。"

《鬼谷子·决篇》

凡决物，必托于疑者。善其用福，恶其用患；善至于诱也，终无惑偏。有利焉，去其利，则不受也；奇之所托。若有利于善者，隐托于恶，则不受矣，致疏远。故其有使失利者，有使离害者，此事之失。

圣人所以能成其事者有五：有以阳德之者，有以阴贼之者，有以信诚之者，有以蔽匿之者，有以平素之者。阳励于一言，阴励于二言，平素、枢机以用；四者微而施之。于事度之往事，验之来事，参之平素，可则决之。

王公大人之事也，危而美名者，可则决之；不用费力而易成者，可则决之；用力犯勤苦，然不得已而为之者，可贵则决之；去患者，可贵则决之；从福者，可则决之。故夫决情定疑，万事之基，以正治乱，决成败，难为者。故先王乃用蓍龟者，以自决也。